군복 입은 연금술사

군복 입은 연금술사

지은이 | 김영호
초판 발행 | 2022. 7. 20.
2쇄 발행 | 2022. 8. 8.
등록번호 | 제1988-000080호
등록된 곳 | 서울특별시 용산구 서빙고로 65길 38
발행처 | 사단법인 두란노서원
영업부 | 2078-3352   FAX | 080-749-3705
출판부 | 2078-3331

책값은 뒤표지에 있습니다.
ISBN 978-89-531-4249-7 03230

독자의 의견을 기다립니다.
tpress@duranno.com   www.duranno.com

두란노서원은 바울 사도가 3차 전도여행 때 에베소에서 성령 받은 제자들을 따로 세워 하나님의 말씀으로 양육하던 장소입니다. 사도행전 19장 8-20절의 정신에 따라 첫째 목회자를 돕는 사역과 평신도를 훈련시키는 사역, 둘째 세계선교(TIM)와 문서선교(단행본·잡지) 사역, 셋째 예수문화 및 경배와 찬양 사역, 그리고 가정·상담 사역 등을 감당하고 있습니다. 1980년 12월 22일에 창립된 두란노서원은 주님 오실 때까지 이 사역들을 계속할 것입니다.

'단절의 시간'을
'연결의 시간'으로

군복 입은
연금술사

김영호

지음

두란노

차례

추천사 8
프롤로그 14

이등병
참을 인(忍)을 배우다

1. 네 가지 '인'   26

2. 다시   30

3. 비가 오면 물이 샌다   33

4. 상추와 대나무   37

5. 살려 주세요? 살려 줄게요!   41

6. 악! 악! 악!   46

7. 살려야 한다   52

8. 알아야 산다   57

9. 격! 격! 격!   64

10. 이번에는 제가 운전해 보고 싶어요   71

2부

일병
배울 인(認)을 배우다

1. 이런 장맛비는 없었으면 좋겠다   80

2. 나만의 오답 노트 쓰기   84

3. 잘 사는 사람은 우산을 두고 다니지 않는다   88

4. 몰랐습니다   92

5. 인생 노트 고쳐 쓰기   97

6. 물들다   101

7. 산에 오르다   105

8. '줌 인'(Zoom in) vs. '줌 아웃'(Zoom out)   109

9. 괜찮아, 조율하면 돼!   114

10. 감(感) 잡았습니다   120

3부

상병
어질 인(仁)을 배우다

1. 시력과 청력   128

2. 괜찮아, 다 알아   131

3. 괜찮아, 잘했어   136

4. 배로 갈까, 비행기로 갈까   140

5. '선별'(選別)보다 '선애'(先愛)가 먼저다   144

6. 'Disabled'(장애인들)인가,
   'Enabled'(특별한 사람들)인가   148

7. 세상은 원래 다 그런 거야   152

8. 우리를 지키는 온도   157

9. 아빠와 선물   162

10. '단독 군장'에서 '완전 군장'으로   168

4부

병장
사람 인(人)을 배우다

1. 넘어져도 '전역'(轉役)하여 '역전'(逆轉)　174

2. 혹한기를 이겨 내는 사람의 온도　177

3. '직'(職)보다 중요한 것은 '업'(業)이다　181

4. 보상 심리로 살까, 빚을 갚으며 살까　184

5. 짬과 짬　188

6. 낙엽 단상　191

7. 뭉툭한 나사못　195

8. 핫팩 세 개　201

9. 연금술사 vs. 연석술사　206

에필로그　210
부록 - 기도문　216

우리는 흔히 군 생활 기간을 인생의 암흑기로 여기고, 버텨야 할 시간으로 생각할 때가 많습니다. 그런데 그 기간은 어떤 때보다도 하나님을 깊이 만날 수 있고, 또 인격적인 성장을 이룰 수 있는 절호의 기회이기도 합니다. 대한민국 남자라면 모두가 지나가야 할 이 시기의 청년들을 위해 삶을 던져 낸 멋진 군인이 있습니다. 저자인 김영호 목사님입니다. 목사님과 함께 'It's Okay with Jesus' 캠페인을 진행하며 그가 얼마나 청년들을 사랑하는지 가까이서 볼 수 있었습니다. 오랜 시간 현장에서 군인들을 만난 그가 군복 입은 연금술사가 되어 청년들의 삶을 성장시킬 수 있는 질문들을 이 책을 통해 던지고 있습니다. 저자는 말합니다. "18개월의 젊음이라는 푸른 심장을 나라를 위해 이식한 소중한 이들의 군 생활이 '내일'을 찾고, '내 일'을 하며, '내 꿈'을 발견하는 가장 소중한 '지금'이 되는 데 보탬이 되었으면 합니다." 이 책의 질문들을 따라가는 과정 가운데 장병들의 삶의 고민들이 시원하게 해결될 줄 믿습니다.

고정민 사단법인 복음의전함 이사장

좋은 글이란 모름지기 술술 잘 읽히는 문장, 새롭게 알게 되는 정보, 마지막으로 우리 눈과 생각을 바꾸어 주는 관점이 두루 담긴 글이어야 한다. 바로 이 책이 그렇다. 따뜻함과 깊이와 일관성도 갖추었다. 게다가 병사를 사랑하기에 목사답지 않게 진부한 종교적 언술은 쫙 빼고, 진심으로 사랑하기에 목사답게 신앙을 살살 녹여 독자의 머리와 마음에 소리 없이 스며들게 한다.

입대하는 이들의 손에, 보내는 부모와 친구의 손에 이 책이 들린다면, 연금술사가 이끄는 대로 따라간다면, 군 생활이 돌 같은 값싼 시간이 아니라, 금 같은 값비싼 시간이 될 터. 그리하여 저자의 다음 행보를 기대하고, 독자의 이후 생활을 기대한다. 확언하건대, 좋은 글, 좋은 삶을 살아 낼 것이다.

김기현 로고스서원 대표, 목사

모든 시작은 두려움을 동반합니다. 특별히 대한민국 젊은이들에게 군 생활은 더욱 그렇습니다. 앞으로 어떤 일이 일어날지 잘 모르기 때문입니다. 그런 면에서 김영호 목사님의 《군복 입은 연금술사》는 군대를 이해하고 군 생활을 더욱 의미 있게 만들어 갈 수 있도록 돕는 안내서입니다. 군종장교로서 경험한 많은 이야기, 관계, 고민, 교훈, 영적 지혜 등은 입대를 앞둔 이들뿐만 아니라, 삶의 의미를 찾고자 하는 모든 이에게 큰 감동과 깨달음을 줍니다. 지나치기 쉬운 일상의 이야기를 좋은 책의 내용과 함께 풀어 해석해 준 글 속에서 김영호 목사님의 연금술사로서의 진면목을 발견하게 됩니다. 이 책을 읽는 모든 사람이 삶의 의미를 새롭게 하는 인생의 연금술사가 되기를 바랍니다.

김정석 광림교회 담임목사

원고의 첫 장을 펼친 이후 마지막 장까지 쉬지 않고 읽었습니다. 이 책에는 여러 정보와 감동과 재미가 있습니다만, 다 읽고 난 후에 가장 뚜렷이 남는 것은 저자의 마음입니다. 따뜻합니다. 징병제 국가의 군대는 어쩌면 우리 삶의 거친 한 면을 축소한 것이라 할 수 있습니다. 그곳에서 저자는 생존을 넘어 삶의 번영을 말합니다. 일상을 의미와 관련짓고, 고통을 전환하여 성숙에 이르도록 독자들을 이끕니다. 기쁨을 배로 늘리고, 보람의 가능성과 실현을 증언합니다. 그러고 보면 이 책은 군대 이야기를 넘어 인생 전반을 향한 격려입니다. 이미 위에서 밝혔듯 독서 이후 자신과 주변을 돌아보는 저자의 마음 씀씀이가 무엇보다 독자를 곱씹게 합니다. 책에 실린 기도문 중 〈구급법〉이 특별하게 읽힙니다. "저로 익히게 하소서/ 몸과 마음의 상처를 싸맬 수 있는 법을/ 저로 체득하게 하소서." 이 기도가 우리의 기도가 됩니다.

김학철 연세대학교 교수

대한민국에서 태어난 남자들이 가장 가기 싫어하는 곳, 가능하면 빨리 떠났으면 좋겠는 곳이 불행하게도 군대다. 그러나 동족상잔의 비극을 겪고 여전히 남북이 대치하는 상황에서 군대는 필수 불가결하다. 군대가 있기에 나라가 있다. 그렇다면 군 생활은 사회와 나라를 위해 그저 눈 딱 감고 빨리 끝나기를 기다려야 하는 대한민국 청년들의 불행한 의무일 뿐일까? 이 책은 "아니다"라고 강력하게 말한다. 저자는 아무도 가르쳐 주지 않았던 군 생활의 의미와 가치와 방법들을 알려 주며 청년 시절에 피할 수 없는 군 복무가 오히려 놀라운 성장의 계기가 될 수 있음을 보여 준다. 이 책을 읽고 나면, '피할 수 없다면 즐겨라'라는 말이 군 생활에도 놀랍게 적용될 수 있음을 깨닫게 될 것이다. 이 책을 읽지 않고 입대하거나 전역하는 청년들이 하나도 없었으면 좋겠다.

김형국 하나님나라복음DNA네트워크 대표, 목사 .

평범한 용사들의 소소한 일상을 사랑과 철학으로 풀어낸 귀한 보배와 같은 책! 어려움을 겪고 있는 용사들의 마음을 녹이는 '핫팩' 같은 삶을 살아온 김영호 목사의 군에 대한 사랑의 메시지! 책을 읽는 동안 공감과 감동 속에 기뻐하고, 책을 덮는 순간 충만한 사랑에 감사하는 군 생활의 바이블!

함께 근무하는 전우들에게 톨스토이의 세 가지 질문을 실천하면서 선한 영향력을 발휘하는 김영호 목사님은 이 책을 통해 '만족해서 감사하는 것이 아니라, 감사해서 만족하는 것이다'라는 삶의 진리를 전해 주셨습니다. 군 생활은 어둠이 아니라, 새벽이고 희망입니다.

박원호 육군훈련소장

대한민국 국적의 남자들 대부분은 의무 군 복무를 합니다. 그 기간이 가지는 의미는 사람마다 다 다르겠지만 쉽지 않은 시기인 것만은 분명합니다. 그러나 이 시기는 '나는 어떤 인생을 살고 있는가?', '나의 진정한 꿈은 무엇인가?', '내 삶의 목적은 올바른가?' 등 너무나 중요한 질문을 하고 답을 얻는 선물과 같은 시간입니다.

육군훈련소 김영호 목사는 힘들기만 한 것 같은 군 생활에 새로운 자극과 변화를 줄 수 있는 지침서를 책으로 엮었습니다. 이 책은 군 입대를 준비하거나, 지금 군 생활을 하거나, 지나간 군 생활을 추억하는 모든 이들에게 하나님의 은혜의 관점에서 군 생활을 새롭게 해석하는 눈을 열어 줍니다. 이등병 때는 '참을 인'(忍)을, 일병 때는 '배울 인'(認)을, 상병 때는 '어질 인'(仁)을, 병장 때는 '사람 인'(人)을 배운다고 했습니다.

이 책은 단지 군 생활을 하는 청년들에게만 아니라 모든 사람에게

11

주는 잠언과 같습니다. 어려운 현실보다 마음의 태도가 더 중요하다는 점은 모든 사람에게 해당되기 때문입니다. 너무나 소중한 젊음의 시기를 나라를 위해 헌신한 이들의 군 생활이 '내일'을 찾고, '내 일'을 하며, '내 꿈'을 발견하는 가장 소중한 '지금'이 되는 데 보탬이 되었으면 하는 저자의 소원이 너무나 감사했습니다.

유기성 선한목자교회 담임목사

《군복 입은 연금술사》는 실전을 위한 책이다. 저자가 직접 경험한 군에서의 생활들을 생동감 있게 전달하며, 실제적인 모습을 그려 볼 수 있게 돕는다. 그리고 그 경험 속에서 깊이 묵상한 삶의 지혜들을 일상의 언어들로 풀어낸다. 인생의 중요한 순간을 군에서 보내야 하는 청년들에게 많은 유익이 되리라 생각한다. 군 입대에 앞서 군 생활을 준비하는 이들 그리고 제대 후에 군의 삶을 정리하고 생의 다음 발걸음을 준비하는 이들에게 추천한다.

이재훈 온누리교회 담임목사

이 책은 계속해서 이미지가 연상됩니다. 글을 따라 상상하게 되고, 생각하게 되고, 스스로의 군 복무를 점검하게 되고, 지금껏 나를 한 번도 놓지 않으신 하나님을 느끼게 됩니다. 그 흐름을 따라가다 보면 어느새 막막했던 삶의 시간들이 소망으로 바뀌는 것을 볼 수 있습니다. 이 책을 통해 잃어버렸던 한 줄기 소망의 빛을 찾았으면 좋겠습니다. 하나님은 여전히 당신과 함께하십니다.

오승환 육군훈련소 상병

큰아이의 입대 날짜가 다가오자 아빠의 눈에는 여전히 어리게만 보이는 이 아이가 과연 군 생활을 잘 해낼까 하는 걱정이 앞섰습니다. 더불어 가장 푸르른 20대의 시간을 의미 없이 보내지는 않을까 하는 걱정도 있었습니다. 하지만 김영호 목사님의 《군복 입은 연금술사》를 읽고는 이런 걱정들이 단지 기우였음을 깨달았습니다. 군 복무를 기다리거나, 이미 18개월의 한 지점을 통과하고 있는 아들들에게 그리고 그들을 격려해야 하는 분들에게 이 책은 충분히 유익하리라 확신합니다.

최재훈 최지성(3군수지원여단 일병)의 아빠

"눈을 감아 봐라, 무엇이 보이는가?"

"아무것도 안 보입니다."

"그게 네 군 생활이다."

보통의 남자들이 군 생활을 떠올리며 하는 우스갯소리입니다. 국방부 시계는 돌아가지만 너무 천천히 돕니다. 가수 이진아의 〈시간아 천천히〉는 군대 내 금지곡(?)입니다.

이 길게만 느껴지는 18개월 의무 복무의 시간을 색깔로 표현하면 무슨 색깔일까요? 대부분은 검정색 혹은 무채색이라고 답합니다. 왜 그렇습니까? 지금까지는 20대 젊은 날의 인생이라는 스케치북에 낭만적인 꿈이라는 선 굵은 스케치를 하고, 도전과 열정이라는 물감을 쥐어짜며, 화려하고 찬란한 붓으로 색칠을 시도해 왔습니다. 그런데 군 입대는 두려움, 걱정, 염려, 단절이라는 무채색 물감으로 덧칠해 삶을 흑백 화면으로 전환시킵니다. 어느덧 흑백 화면이 정지 화면이 되고 전원이 꺼지면 말합니다.

"내일이 없습니다."

한국 전쟁 시 종군 기자로서 〈뉴욕 헤럴드 트리뷴〉(*New York Herald-Tribune*) 소속이었던 마거리트 히긴스(Marguerite Higgins)는 자신의 저서 《자유를 위한 희생》(KORUS 역간)에서 의미 있는 일화를 전합니다. 한국 전쟁 당시 중공군의 개입으로 전세가 불리해져 후퇴 작전을 하고 있던 장진호 전투를 취재할 때였습니다. 히긴스는 미 해병 조지 중대의 한 병사에게 다가갔습니다. 병사는 추위를 막기에는 어림도 없을 재킷으로 얼어붙은 자신의 피투성이 몸을 휘감은 채 절망 어리고 초점 잃은 눈동자로 기자를 바라보았습니다. 히긴스는 처절한 모습으로 얼어붙은 콩 통조림을 따 먹고 있던 그에게 물었습니다.

"만일 내가 하나님이라면 당신은 어떤 소원을 구하겠습니까?"

그 병사는 아주 슬픈 낯으로 이렇게 대답했습니다.

"내게 내일을 주십시오!"

무슨 말입니까? 집에 돌아가고 싶다는 것입니다. 죽기 싫다는 의미입니다. 무엇보다 미래가 보장되기만 한다면, 산다는 보장만 있다면 이까짓 고생은 아무것도 아니라는 말입니다. 그러나 반대로 내일이 없다면, 이 모든 수고는 아무런 의미가 없게 된다는 말입니다. 병사의 이 짧은 대답은 17일간 내일을 기약할 수 없었던 전투에서 나온 실존적 고백입니다.

'내일을 기약할 수 없었던 전투'는 우리네 삶과 닮아 있습니다. 전역의 날이 약속되어 있지만 내일을 기다리기 힘든 군 생활, 철저히 계획된 삶의 시나리오를 한 번에 무용지물로 만들어 버리는 재난과 질병, 치열한 경쟁 속에 한 치 앞도 내다보기 힘든 현실살이가 그렇습니다. 이 전투에서 우리를 살아남게 하는 것은 바로 판도라의 상자에 마지막까지 남아 있던 '희망'이며, 오늘의 소망을 끊어 버리는 '절망'이 끝이 아니라 '내일'이 있다는 확신입니다. 그래서 '내일'을 달라던 병사의 고백이 중요합니다. '내일'은 오늘 우리 삶의 내러티브를 흑백에서 컬러로 전환시킵니다.

　이쯤에서 묻고 싶습니다. 당신에게는 내일이 있습니까? '내일'이 필요하다고 느낄 때까지 우리는 '내일'을 생각하지 않습니다. '내일'은 무엇보다 중요한 것임에도 불구하고 우리의 우선순위에서 밀려나고 맙니다. '내일'(Tomorrow)은 '내 일'(My work)인데 '남 일'처럼 여길 때가 참 많습니다. 그래서 우리의 분주한 삶은 '내 일'을 '남 일'처럼 살게 해 '내일'을 잊게 만듭니다.

　도박장에 없는 세 가지가 있다고 합니다. 창문, 시계, 거울입니다. 창문을 제거해서 도박에 몰입하며 밖을 생각하지 못하게 하고, 시계를 설치하지 않음으로써 시간 가는 줄 모르고 자신의 돈과 시간을 탕진하게 하며, 거울을 보지 못하게 함으로써 자신을 성찰하지 못하게 합니다. 그런데 이 세 가지의 공통점이 있습니다. 바로 벽에 붙어 있다는 것입니다. 벽은 장애물입니다. 벽은 한계입니다. 그런데 이 벽이 창문, 시계, 거울을 보게 합니다. 벽이 주는 유익이 있다면 우리를 성찰하게 하고, '내일'을 생각하게 하는 것입니다.

대한민국 젊은이들에게 군대는 '벽'입니다. 이 벽 뒤에는 작품이 숨겨져 있습니다. 이 벽을 예리한 끌로 스크래치(Scratch)하면 예상치 못했던, 기대 이상의 아름다운 작품인 '내일'이 등장합니다. 이 글을 쓰며 간절히 바라고 기도하는 것은, 사랑하는 이들이 군 생활을 하며 끌려왔다는 의식으로 오늘을 '덧칠'하며 삶의 수동성의 노예가 되지 않고, '덧칠'된 '오늘'의 현실에 실망하지 않았으면 하는 것입니다. 나아가 '색칠'된 '내일'과 만나 희망을 노래하며 춤추는 것입니다. 그러면 어떻게 내일을 만날 수 있습니까?

첫째, 좋은 책을 통해 '내일'을 만납니다. 저는 리처드 바크(Richard Bach)의 《갈매기의 꿈》을 읽으며 현실에 안주하지 않고 내

일을 향해 도전하는 열정을 배웠습니다. 고든 맥도날드(Gordon MacDonald)의 《내면세계의 질서와 영적 성장》(IVP 역간)을 읽으며 보이지 않는 존재에 대한 삶의 태도의 중요성을 익혔습니다. 파울로 코엘료(Paulo Coelho)의 《연금술사》(문학동네 역간)를 읽으며 간절히 원하고 오늘에 주의를 기울이는 삶의 의미를 발견했습니다. 다산 정약용의 《유배지에서 보낸 편지》(창비)를 읽으며 멈춰진 시간이 버려진 시간이 아님을 깨달았습니다. 뿐만 아니라 〈세상을 바꾸는 시간, 15분〉의 연단에서 자신의 삶의 이야기를 전하는 살아 있는 책(?)들과의 만남을 통해 막연했던 삶의 불안을 해소하고, 구체적인 삶의 스케치를 하며 나의 '내일'의 퍼즐 조각을 맞춰 갈 수 있었습니다.

글로 된 책, 사람이라는 책, 자연이라는 책을 읽는 것은 검정색으로 덧칠된 '오늘'에 '내일'이라는 그림을 그리게 합니다. 함께 군 생활을 했던 이들이 전역하며 했던 말들을 가슴에 새깁니다.

"인생 목표를 찾았습니다."

"제게도 하고 싶은 일이 생겼습니다."

"인생의 꿈을 디자인하게 되었습니다."

"웹툰과 유튜브가 체질이라고 생각했는데 진중문고 100권을 요약정리하며 '내 일'을 찾았습니다."

"목사님, 믿기 어려웠는데 군대가 진짜 대학이었네요."

이런 고백들은 제게 이렇게 들립니다.

"내일을 찾았습니다."

둘째, 좋은 만남을 통해 '내일'을 만납니다. 손흥민 선수는 그의 아버지와의 만남을 통해 한국을 대표하는 축구 선수가 되었습니다. 아웃 오브 보트(Out of Boat)와 엠트리(M-tree) 대표인 최영환 씨는 한동대학교의 슬로건인 'Why not change the world?'의 메시지를 가슴에 품고 DMZ 경계 근무를 담당하는 GOP 소대장으로서 장병들이 군 생활을 보다 알차고 의미 있게 할 수 있도록 '가상의 대학'을 세우고, 우유팩에 100통이 넘는 편지를 써 강사를 초청했습니다. 그리고 그 만남은 그가 전 세계를 향해서 도약하게 한 디딤돌이 되었습니다. 목사가 되었지만 여전히 글쓰기를 평생의 과업이자 짐으로 알던 저는 《욥, 까닭을 묻다》(두란노)의 저자이자 로고스서원 대표인 김기현 사부님을 만나 다독(多讀), 다작(多作), 다상량(多想量)을 실천하며 글쓰기를 사랑하게 되었습니다. 이처럼 좋은 만남은 내일을 여는 열쇠입니다.

익숙함은 우리를 보수적으로 만듭니다. 새로운 시도와 변화보다는 안주하게 만들고, '생각하던 대로', '행동하던 대로' 반응하게 만듭니다. 군대가 주는 낯선 이들과의 만남은 쉽지 않지만 폭넓은 세상을 이해하게 하고, 생각지 못했던 새로운 시도를 하게 합니다.

"무섭고 냉혹할 것만 같던 대장님의 따스한 품을 경험했습니다. 저도 그런 품을 가진 남자가 되고 싶습니다."

"한계를 넘어서며 자신을 철저히 단련하는 선임을 보면서 제 마음과 육체의 근육을 단련하고 싶어졌습니다."

"제 성장 배경은 '어쩔 수 없다'고 생각했는데, 전우들을 보면서 '모두가 그런 것은 아니다'라고 생각하게 되었습니다."

이런 고백들은 제게 이렇게 들립니다.

"내일을 찾았습니다."

징병제의 현실 속에 젊은이들은 군대를 '내일'을 잃어버린 장소처럼 여기게 됩니다. 남들은 강요합니다. '군 생활은 아무것도 기대할 수 없는 검정색이야!', '18개월은 썩는 시간, 버려지는 시간이야!', '기대는 금물, 요령은 필수, 본전이면 대박이야!'라는 언어의 감옥에 갇혀 아우슈비츠 감옥에서 빅터 프랭클(Viktor Emil Frankl)이 찾아낸 '의미'를 누리지 못하고 잃어버립니다. 너무 힘겨운 현실이기에 남들이 만들어 놓은 프레임에 스스로 갇혀 버립니다.

　정신의학자 칼 메닝거(Karl Augustus Menninger)는 "사실보다 태도가 더 중요하다"라고 했습니다. 환경이 좋거나 나쁘다는 사실보다는 대처하는 사람의 마음의 자세가 중요하다는 의미입니다. 똑같이 좋은 환경이라도 한 사람에게는 성공의 조건이 되지만, 또 다른 사람에게는 방탕과 타락의 기회가 됩니다. 똑같이 불우한 환경이라도 한 사람에게는 훈련의 기회와 창조의 계기가 되지만, 또 다른 사람에게는 넘어짐과 실패의 조건이 됩니다.

　'사실'은 나의 선택과 의지와 상관없이 주어지고 강요되지만, '태도'만큼은 내가 결정합니다. 신약성경의 마태복음에 나오는 달란트 비유는 중요한 메시지를 전해 줍니다. 젊은 날, 이 비유를 읽다가 주인이 종에게 주는 다섯 달란트, 두 달란트, 한 달란트의 차이가 마치 금수저, 은수저, 흙수저를 의미하는 것 같아 속상했습니다. 그런데 주인이 결산하는 장면에서 숨이 멈추어졌습니다. 결산의 때에 주인의 관심은 많고 적음이 아니라, 맡겨 준 것을 '묻어 두었느냐, 아니면 선용 및 활용하였느냐'에 있었기 때문입니다. 그것이 위로가 되었습니다. 그것이 힘이 되었습니다. 왜냐하면 우리는 결과를 보지만, 하나님은 우리의 과정을 보신다고 확신하게 되었기 때문입니다.

"내일을 찾았습니다", "내 일을 넘어 내 꿈을 찾았습니다"라고 고백하며 전역하는 이들이 제 삶에 울림을 주었습니다. 그들로 인해 군 생활이 무의미하거나 헛되게 버려지는 시간이 아니라는 것을 확신하게 되었습니다. 이후 군 생활 속에 숨겨진 보화를 찾기로 했습니다. 힘겨워하는 현실 속에서 감추어진 의미를 알려 주기로 했습니다. 그래서 연금술사는 '돌'을 '금'으로 만드는 사람이 아니라, '금'을 '금'으로 찾을 수 있는 사람이라고 스스로 정의했습니다.

이 책은 군복 입은 연금술사들과 울고 웃으며 배운 지혜를 저의 삶으로 읽어 낸 글 모음입니다. 그들의 '연금술'(鍊金術)은 사실보다 태도를 중요시하는 것이고, 군대를 인생 학교처럼 여기는 것이며, 18개월을 계급 변화에 따라 인생의 사계(四季)로 이해해 군 생활을 배움과 성장의 기회로 사용하는 것이었습니다. 이는 '네 가지 인을 배우다'로 요약됩니다. 이등병 때는 '참을 인'(忍)을, 일병 때는 '배울 인'(認)을, 상병 때는 '어질 인'(仁)을, 병장 때는 '사람 인'(人)을 배웁니다. 그래서 이 책을 계급과 배움의 변화에 따라 4부로 구성했습니다.

이 책이 군 입대를 준비하며, 군 생활을 감당하며, 군대를 추억하며 삶의 연금술을 이루고자 하는 이들의 삶의 해석학에 자극과 변화를 줄 수 있는 작은 참고서가 되었으면 하는 바람을 갖습니다. 18개월의 젊음이라는 푸른 심장을 나라를 위해 이식한 소중한 이들의 군 생활이 '내일'을 찾고, '내 일'을 하며, '내 꿈'을 발견하는 가장 소중한 '지금'이 되는 데 보탬이 되었으면 합니다.

2022년 7월

김영호

1부 ──────── 이등병

참을 인(忍)을
배우다

네 가지 '인'

언젠가 한 연대장님을 만났습니다. 그분과 인사를 나누고 명함을 교환했습니다. 서로의 명함 안에는 중요한 메시지가 있었습니다. 제 명함에는 "장병들의 고민을 함께 나누고 싶습니다"라고 적혀 있었고, 연대장님 명함에는 "참을 인이 셋이면 살인도 면한다"라고 쓰여 있었습니다. 군 생활을 하면서 연대장님 명함에 적혀 있는 문구를 많이 가르치기도 하고, 마음으로 되새기기도 합니다. 그러면서 '참을 인'(忍)을 배워 갑니다. 참으로 소중하고 의미 있는 교훈입니다. 더 나아가 인생의 4계절에 비유되는 군 생활을 하는 동안 '참을 인'을 포함해서 네 가지 '인'을 배울 수 있다면 더욱 큰 유익이 될 것입니다. 그 내용은 다음과 같습니다.

이등병 시절에는 모두가 알다시피 '참을 인'을 배워야 합니다. 이등병 시절에는 '상명하복'(上命下服) '위계질서'(位階秩序)라는 군대의 고유한 문화를 접하게 됩니다. 이때 다양한 학벌, 가정환경, 성품, 기질을 가진 사람들과 만나게 됩니다. 입대 전과 달리 대부분의 일을 자기 뜻대로 다 할 수가 없습니다. 심지어 자신보다 못해 보이는 사람들의 명령과 지시를 따라야 하기도 합니다. 먹고 싶은 것, 하고 싶은 것, 보고 싶은 것 등에 대해 참을 수 있어야 합니다. 이런 과정을 통해 자기 절제를 배우고, 내적 근육이 단련되어 가며 성장하게 됩니다.

일병 시절에는 '배울 인'(認)을 배워야 합니다. 일병 시절에는 주요 보직에 합당한 직무 교육을 받고 임무를 수행합니다. 하지만 임무와 관련된 지식을 습득하고 훈련을 적극적으로 배워 나갈 때 많은 시행착오를 겪기도 합니다. 눈물지을 일도 많고, 땀 흘릴 일도 많습니다. 그러나 그러한 과정 중에 보람을 느낍니다. 그리고 잘 배운 사람이 후배들에게도 잘 가르쳐 줍니다. 가끔씩 이때 배우지 못하고 진급한 이들을 만나게 되는데, 마땅히 받아야 할 존경을 받지 못하는 안타까운 상황을 봅니다.

상병 시절에는 '어질 인'(仁)을 배워야 합니다. 군 생활을 1년 정도 한 이들은 임무와 보직에 관해서 능수능란해집니다. 이제 이들에게는 다른 역할이 주어지는데, 바로 샌드위치 역할입니다. 이 위치는 힘이 들면서도 매우 중요합니다. 아래로는 후임들을 가르치고 치리해야 하며, 위로는 선임과 간부들과의 관계를 잘 유지해 나가야 합니다. 이러한 역할을 잘 해낼 때 부대의 전투력이 강해질 수 있습니다. 이때 필요한 것이 '융통성'과 '어짊'입니다. 이를 가지고 리더십을 발휘합니다.

병장 시절에는 '사람 인'(人)을 배워야 합니다. 이제는 민간인이 되어야 하기에 그렇습니다. 사람은 높은 자리에 있을 때 그의 본성과 됨됨이가 나타납니다. '신독'(愼獨)이라는 말이 있습니다. 이는 "홀로 있을 때에도 도리에 어그러짐이 없도록 몸가짐을 바로 하고 언행을 삼감"(표준국어대사전)이라는 뜻을 가지고 있습니다. '홀로 있을 때 나는 누구인가'는 자신의 인격을 살피는 척도가 됩니다. 저는 이를 조금 달리 표현해 봅니다. '아무도 건드릴 수 없는 최고의 자리에 있을 때의 자신의 모습이 인격'이라고 정의하고 싶습니다.

병장은 오대장성이라고도 불리는 장병들 간의 최고의 위치입니다. 나아가 전역일이 가까워 오면 '왕고'(王古, '왕고참'의 준말로 병사들 중에서 최선임을 뜻함)가 됩니다. 이때 자신의 영향력을 상생의 역할을 위해 사용하는 이가 있는가 하면, 자신의 욕구와 욕망에 이끌려 사용하는 이들도 있습니다. 전자가 사람됨을 배워 가는 것이라면, 후자는 짐승 됨의 모습으로 퇴화하는 것이라 할 수 있습니다. '사람 인'은 서로 기대어 있는 모습을 나타낸 상형 문자입니다. 사람은 이처럼 문화를 만들어 갑니다. 하지만 동물은 약육강식의 삶을 살아갑니다. '사람 인'을 배운다는 것은 병장이 되어 힘이 있을 때 그것을 선용해서 겸손과 섬김의 삶을 살아가는 것을 의미합니다. 이것을 노블리스 오블리제(Noblesse Oblige)라고 합니다.

이 네 가지 '인'은 우리가 살아가는 데 있어 꼭 필요한 가치가 아닌가 생각해 봅니다. 군 복무의 시간은 대한민국의 정상적인 멋진 사내들이라면 대부분 경험하는 18개월의 시간입니다. 이 시기가 모두에게 혹독하기에 '광야'라고 말합니다. 하지만 신앙적으로 광야가 하나님의 '연단 학교'라고 읽히는 것처럼, 이 시기는 어떤 의미에서 '인생 학교'가 되지 않을까요? 이 시간을 무의미하고 헛되게 보내어 버려진 시간으로 만들기보다, '네 가지 인'을 배워 성장과 성숙과 변화의 기회로 삼아 보았으면 합니다.

<hr>

연금술사의 질문

1. 군대를 생각할 때 가장 먼저 연상되는 단어는 무엇입니까? 그 단어는 긍정적입니까, 아니면 부정적입니까?

2. 참을 인, 배울 인, 어질 인, 사람 인 중에서 가장 배우고 싶은 '인'은 무엇이며, 그 이유는 무엇입니까?

다시

어느 날, 딸아이가 피아노를 치고 있었습니다. 피아노를 배운 기간에 비해 연주 실력이 상당했습니다. 저는 아빠 미소를 지으며 딸에게 물었습니다.

"지민아, 피아노 연주 참 잘하네. 어떻게 이렇게 잘할 수 있어?"

그러자 아이가 의미심장한 한마디를 건넵니다.

"아빠! 지금 연주하는 곡은 피아노 학원에서 매일 틀렸던 곡이야. 그래서 반복하다 보니 다 외우게 됐어. 그래서 이렇게 피아노를 칠 수 있는 거야."

이 한마디가 제 귓전을 울렸습니다. 이 곡을 잘 쳐서 선생님께 칭찬 받아서가 아니라, 틀렸기 때문에 외워서 잘 연주하게 되었다는 것입니다.

이런 생각을 해 봅니다. 누구나 인생(人生)이라는 피아노를 가지고 '삶'(Life)이라는 연주를 합니다. '가정생활 심포니', '학교생활 소나타', '군 생활 행진곡', '신앙생활 로망스' 등의 악보를 가지고 연주합니다. 피아노 앞에 앉으니 긴장되고 떨립니다. 이 긴장을 푸느라 손을 쥐었다 펴기를 반복하고 난 후 달걀을 쥔 모양의 손으로 조심스럽게 연주를 시작합니다. '도레미파솔' 한 음, 한 음, 정성스럽게 배운 대로 연주해 보지만 맘처럼 되지 않습니다. 그래서 듣게 되는 것은 '훌륭해! 멋져! 통과!'와 같은 칭찬이 아니라 '다시!'라는 차가운 음성입니다. '다시! 다시! 다시!' 이 말을 듣다 보면 속상합니다. 또 남들과 비교하면 지금의 나는 제자리를 맴도는 것 같고, 남들은 저 멀리 따라갈 수 없을 정도로 빨리 가고 있는 것 같습니다.

'다시'라는 말을 계속 듣다 보면 마음속에 여러 가지 그물(網)이 쳐집니다. 그것은 바로 스스로에 대한 믿음을 잃어버리는 '실망'(失望), 땀과 노력을 인정받지 못함으로 인한 '허망'(虛妄), 조건과 환경에 기대어 스스로 위로해 보고픈 '원망'(怨望) 그리고 때로는 모든 바람을 포기해 버리고 싶은 '절망'(切望)입니다. 이때 딸아이의 한마디는 다시 '희망'(希望)할 수 있게 해 줍니다. '다시 하기 때문에' 피아노를 외워서 칠 수 있고, '다시 하기 때문에' 연주곡을 자신 있게 연주할 수 있는 것입니다. 그래서 '다시'라는 말을 '다른 사람과 차별화되는 탁월함을 갖추는 시작'이라고 재정의해 봅니다.

상처(Scar)는 별(Star)이 된다는 말이 있습니다. 알파벳 'C'와 'T' 한 글자 차이입니다. 이 작은 차이에 하늘의 비밀이 담겨 있습니다. 하늘의 비밀은, '상처'를 견디고 참으면, 그 힘든 시기를 살아내면 누군가를 일으키고 위로할 수 있는 '별'이 된다는 것입니다.

이처럼 '다시'라는 말에 포기하지 않고 인생 피아노 연주를 묵묵히 감당하다 보면 '탁월함'을 얻습니다. 그러니 포기하지 말고, 참고, 견디며 다시 해 보는 것입니다. '실수'는 '실패'가 아닙니다. '실수'는 방법을 달리할 수 있는 기회입니다. 이제 마음의 그물을 걷어 내고 '다시' 해 보는 것입니다. 마하트마 간디(Mahatma Gandhi)는 자서전의 부제목을 '나의 진리 실험 이야기'라고 했습니다. 군 생활은 우리의 인생 피아노 연주를 실험하듯이 '다시' 해 볼 수 있는 시간입니다. 다른 사람과 차별화되는 탁월함을 갖추는 시작은 언제나 '지금'입니다.

---●---

연금술사의 질문

1. 군 생활을 마치고 다른 사람과 차별화되는 탁월함으로 연주하고 싶은 '당신의 인생 연주곡'(목표, 꿈)은 무엇입니까?

2. '실망, 허망, 원망, 절망'이라는 그물 중에서 당신의 마음속에 쳐진 그물은 무엇입니까? 이 그물을 걷어내고 '희망'하기 위해 필요한 것은 무엇입니까?

비가 오면 물이 샌다

오랜 가뭄 끝에 장대비가 억수로 쏟아졌습니다. 반가운 빗소리를 들으며 해갈의 큰 기쁨을 간직한 채 잠이 들었습니다. 비는 밤새 그침 없이 내렸습니다. 새벽 알람 소리보다 '쏴아!' 하는 빗소리가 먼저 잠을 깨웠습니다. 가뭄의 긴 터널을 지날 무렵 교우들과 대화를 나눴습니다.

"비가 와야 합니다."

"하천이 바닥을 다 드러냈습니다."

"전투 수영장 운영을 이번에는 못 한다고 합니다."

"지하수를 사용하는 막사는 물이 부족해서 절수해야 합니다."

장대비 알람 소리는 이러한 불안함과 탄식으로 채워지는 지루한 밤을 깨웠습니다. 특별히 이 알람 소리는 저의 육신의 잠뿐만 아니라 영혼의 잠도 함께 깨웠습니다.

새벽 기도회를 위해 예배당에 도착했을 때 1층이 물로 가득 차 있었습니다. 사무실 천장에서도 물이 한두 방울씩 떨어져 책상이 흥건하게 젖어 있었습니다. 기도회를 마친 후 물을 빼내는 작업을 교우들과 함께 했습니다. 너무 반가운 비였는데 일순간 원망스러운 비가 되었습니다. 빗물을 빼내고 기도하는 사이 문득 이런 생각이 스쳐 지나갑니다.

'비가 오면 물이 샌다.'

맑은 날에는 교회 건물에 균열이나 틈이 있다는 사실을 생각하지 못했습니다. 사무실에 빗물이 샐 거라는 것은 예상할 수도 없었습니다. 그런데 비가 오니 균열이 드러나고, 벌어진 틈이 문제가 되었습니다. 큰 비가 내리지 않았다면 알아차릴 수 없을 뻔했습니다. '비가 오면 물이 샌다'는 것은 곧 건물에 틈이 벌어져 있어 그 사이로 물이 새는 것입니다. 맑은 날에는 알 수 없던 것이 비 오는 날에는 밝히 드러나는 것입니다.

이 일을 경험하며 한 번 더 질문을 해 봅니다.

'건물만 그럴까?'

그렇지 않습니다. 사람도 그렇습니다. 인간관계, 영성 생활, 일터 생활이 그렇습니다. 억수같이 내리는 장맛비처럼 감당할 수 있는 한계를 넘어서는 위기가 닥쳐왔을 때, 그동안 애써 무시하고, 소홀히 하고, 임시방편으로 메워 놓았던 틈이 큰 문제가 됩니다. '틈'의 사전적 정의는 "벌어져 사이가 난 자리"(표준국어대사전)라고 합니다. 그런데 이 틈을 잘 관리하지 않으면 "틈 난 돌이 터지고 태 먹은 독이 깨진다"는 속담처럼 터지고, 깨지는 일이 벌어지게 됩니다.

《세 마리 여우 길들이기》(IVP)의 저자 송인규 교수는 이 '틈'을 여우라고 표현합니다. 인간관계와 신앙생활에 있어 야망, 질투, 경쟁이라는 여우가 건강한 삶을 무너뜨린다는 것입니다. 이 여우를 관리하고 틈을 메우기 위해서는 '하나님을 갈망하고, 서로 돌아보아 사랑과 선행을 격려하며, 부르심의 상과 푯대를 향해 달려가야 한다'고 강조합니다. 세 마리 여우로 인해 자꾸 틈이 생깁니다. 야망에 매여 영성 생활에 틈이 생기고, 질투와 경쟁으로 인해 일터 생활과 인간관계에 틈이 생깁니다. 아직 큰 비가 내리지 않아서 그렇지, 큰 비가 내리면 감당할 수 없이 침수(沈水)될 것이 불 보듯 뻔합니다.

"어떻게 이 어려움과 큰 도전을 이겨 나가실 수 있었나요?"라는 질문에 한 목사님이 이렇게 답했습니다.

"예, 제가 버티고 이겨낼 수 있었던 이유는 하루에 정해진 시간 동안 꾸준히 성경을 읽고 기도했기 때문입니다."

목사님의 이 대답이 제 가슴을 울립니다. 영성 생활의 틈을 만들지 않았기에 무너지지 않고 이겨 낼 수 있었다는 것입니다. '오늘 나는 틈새는 관리하지 않은 채 큰일만을 바라고 좇고 있는 것은 아닐까? 지금은 괜찮으니까, 큰 문제가 되지 않으니까, 지금은 바쁘니까 하면서 무시하고 소홀히 여기는 가정, 교회, 부대의 삶 속에 있는 틈은 무엇일까?' 잠시 멈추어 생각해 봅니다.

'비가 오면 물이 샌다.'

이는 우리가 애써 부정하고 무시해도 반드시 일어나는 것입니다. 네덜란드 소년처럼 강둑에 생긴 구멍을 주먹으로 막으려 하기보다 강둑에 난 작은 틈을 미리 관리하는 것이 지혜입니다.

1. 당신에게 있어 장맛비와 같이 과거 감당하기 어려웠던 일 혹은 현재 어려움을 경험하게 하는 것은 무엇입니까?

2. 평소에는 괜찮았지만 입대 후 혹은 장맛비와 같은 위기를 만나 드러난 '틈'은 무엇이며, 그 '틈'을 메우기 위해 어떤 노력을 하고 있습니까?

상추와 대나무

군인 아파트 텃밭 주변에 아이들이 옹기종기 모여 있습니다. 그들은 텃밭에 심긴 상추, 토마토, 꽃에 물을 주는 중입니다. 한 아이가 상추가 자라난 것을 보고 놀라워하며 감탄합니다.

"와! 벌써 이만큼 자랐어!"

주변 아이들도 "정말! 신기하다!" 하며 맞장구를 칩니다. 텃밭을 보니 가장 많이 심겨 있는 것은 상추입니다. 이유인 즉, 상추는 재배법이 어렵지 않아 물을 잘 주고 조금만 관리하면 비교적 용이하게 수확할 수 있기 때문입니다. 상추는 참 빨리도 자랍니다. 그래서 부럽습니다.

상추를 보며 생각합니다. 저의 존재도, 제가 하는 일도 '상추' 같았으면 좋겠습니다. 많은 수고를 하지 않아도 빨리 좋은 성과가 났으면 좋겠고, 시간이 지난 후에는 바라던 모습으로 성장했으면 합니다. 굳게 결심하지만 아무 소득 없이 '작심삼일'(作心三日)이 결론이 되는 안타까운 삶이 아니라, '초지일관'(初志一貫)의 과정이 단축되어 거목으로 빨리 자라나 누군가의 쉼터가 되어 주는 보람 있는 삶을 살고 싶습니다.

하지만 현실은 '상추' 같지 않습니다. 노력은 하지만 결과는 막막하고, 반복적인 업무와 지루한 일상은 '기대'라는 그림을 지워 버립니다. 특별히 다른 이들은 '상추'처럼 앞서가는데, 군복 입고 살아가는 18개월, 쌓여 가는 네 개의 계급장이라는 벽돌은 '상추'의 성장을 억제하는 무거운 걸림돌처럼 여겨집니다.

'나는 상추처럼 살 수 없어!' 하는 우울한 생각이 밀물처럼 몰려올 때 방파제가 되어 주는 식물이 있습니다. 바로 중국 동부 지역에서 자라는 모소 대나무(Moso Bamboo), 일명 모죽(毛竹)입니다.

모소 대나무는 희망을 주는 식물입니다. 이 대나무에는 독특한 특징이 있는데, 씨앗을 뿌리고 키우면 4년 동안 약 3센티미터가량 자라난다고 합니다. 열심히 물을 주고 관리하는데 고작 3센티미터만 자란다면 어떨까요? '이 일을 계속해야 할까?' 하는 망설임이 머릿속을 가득 채우지 않을까요? 또 주변에서 조금 똑똑한(?) 사람들이 혀를 차며 "대나무를 키우는 것은 어리석은 일이야!"라는 말을 하면 떠다니는 말에 떠밀려가지 않을까요? 하지만 농부들은 묵묵히 자신들의 일을 하며 정성껏 대나무를 돌본다고 합니다.

그렇게 5년이 흘렀을 때, 그동안 꼼짝도 않던 대나무에 갑자기 싹이 돋아납니다. 그리고 하루에 30센티미터 이상, 6주 동안 약 15-28미터가량 폭풍 성장해서 울창한 대나무 숲을 이룹니다. 단숨에 하도 높이 자라서 놀란 사람들이 대나무 뿌리가 괜찮을까 하고 파 보았다고 합니다. 그리고 또 한 번 놀라게 되는데, 뿌리가 수천 미터를 사방팔방으로 뻗어 있기 때문입니다. 모소 대나무는 후에 크게 자랄 것을 대비해 미리 충분한 뿌리 내림을 해 두었던 것입니다. '4년에 3센티미터'가 결코 무의미한 일이 아니었음을 알려 줍니다. 그래서 위로를 받고 희망을 가질 수 있습니다.

《연탄길》(생명의말씀사)로 알려진 이철환 작가는 《위로》(자음과모음)라는 책에서 "네가 진정으로 높이를 갖고 싶다면 깊이에 대해 먼저 고민해야 돼. 깊이를 가지면 높이는 저절로 만들어지는 거니까. 하늘로 행군하기 위해서 나무들은 맨손 맨발로 어두운 땅속을 뚫어야 하거든. 깊이가 없는 높이는 높이가 아니야. 깊이가 없는 높이는 바람에 금세 쓰러지니까"라고 말합니다. 우리는 눈에 보이는 '높이'에만 집착하며 조급해할 것이 아니라, 눈에 보이지 않는 '깊이'가 있음을 알아야 합니다. 지금 부단히 노력하고 있다면 성장하지 않는 것이 아닙니다. 땅속 깊이 아주 견고한 뿌리를 내리고 있는 과정입니다.

군 생활이라는 인고의 시간, 남들이 알아주지 않는 것 같은 반복된 임무 수행, 시작할 때는 선임과, 마무리할 때는 후임과 실타래처럼 뒤얽힌 관계를 풀어 가는 생활관살이. 이러한 시간을 사는 동안 왼쪽 가슴에 3센티미터의 벽돌이 쌓입니다. 모소 대나무가 4년에 3센티미터라면, 군인은 18개월에 3센티미터입니다. 군대의 울타리에서는 높아 보이지만, 울타리만 넘어서면 알아주지도 않고, '병역 필'이라고 스펙 자랑도 할 수 없습니다. 사람들은 드러난 3센티미터의 '높이'만 보고 쉽게 판단하고 비웃을지 모릅니다. 하지만그 3센티미터 아래를 살펴보아야 합니다. 그것은 젊은이의 사고와 내면을 파고들며 수천 미터 '깊이' 뿌리를 내린 시간입니다.

기도, 공부, 영성 생활, 관계, 사랑, 성숙, 독서 등 정말 인생을 가치 있고 풍요롭게 하는 것은 모두 '깊이'에 달려 있습니다. 물이 섭씨 100도의 임계점에 이르러야 끓게 되는 것처럼, 깊이의 임계점에 도달하면 '모소 대나무'와 같은 폭풍 성장의 때가 있습니다. 당장 눈에 보이는 것이 없다고 아무 일도 일어나지 않는 것은 아닙니다. 폭풍 성장을 위한 준비를 하고 있는 것입니다.

'상추'를 부러워하는 '조급함'으로 갈팡질팡하지 말고, '대나무'의 삶을 긍정하는 '느긋함'으로 우직하게 18개월 3센티미터의 벽돌을 쌓아 보면 어떨까요? '인내'(이등병) 한 장, '학습'(일병) 한 장, '리더십'(상병) 한 장, '섬김'(병장) 한 장의 벽돌을 쌓아 가는 것은 어떨까요? 이 벽돌은 폭풍 성장한 대나무 숲을 이루기 위해 '깊이'의 뿌리를 내리게 하는 신이 예비한 인생 성공의 '디딤돌'입니다. 부러운 '상추'가 아닌, 희망의 '대나무'를 키워 보면 어떨까요?

연금술사의 질문

1. 군 생활로 인해 멈추게 되어 '상추'를 부러워하는 '조급함'을 느끼게 하는 것은 무엇입니까?

2. '당장 눈에 보이는 것이 없다고 아무 일도 일어나지 않는 것은 아니다'라는 것에 대해 어떻게 생각합니까? 모소 대나무 이야기를 당신은 어떻게 적용하겠습니까?

살려 주세요? 살려 줄게요!

"살려 주세요!"

유격 훈련장에서 공수 훈련을 받으며 11미터 모형 탑 꼭대기에서 군복 입은 목사가 드린 기도입니다. 목사의 기도라고 하기에는 내용이 참 빈약합니다. 그런데 어느 때보다 솔직하게, 진액을 쏟아 놓듯 드린, 아니 터져 나온 실존적 고백입니다. 직책과 역할이라는 가면 속에 숨어 있는 내가 아닌 자연인의 나로서, 풀 메이크업이란 갑옷을 입은 내가 아닌 무장 해제해서 민낯을 드러낸 자로서 올린 기도입니다.

이는 평시의 기도가 아닌 위기의 기도입니다. 상상하지도, 기대하지도 않은, 감당하기에 너무 힘든 고비나 위기를 만날 땐 본성(本性), 본심(本心), 본색(本色)이 드러납니다. 제게 높은 곳은 위기입니다. 속이 울렁거리고, 어지럽고, 가슴이 답답해지며, 공포가 제 온몸을 감싸 안습니다. 연애 시절, 아내는 롯데월드에 있는 '자이로드롭'이라는 놀이 기구를 좋아했습니다. 그때마다 '왜 돈을 주고 이런 것을 타지?' 하는 생각이 떠나지 않았습니다. 하지만 '사랑의 힘(?)'이 자이로드롭을 타게 했습니다. 의자에 앉아 70미터 높이까지 올라가서 석촌호수를 바라보면 오금이 저립니다. 가장 위에 정지해서 뱅글뱅글 돌 때는 끔찍합니다. 혹자는 눈 뜨고 놀이 기구를 즐긴다고 하는데, 저는 한 번도 눈을 떠 본 적이 없습니다. 아내가 재미있다고 한 번 더 타자고 하면 미칠 노릇입니다. 알고 타면 더 무섭기 때문입니다.

그런 제가 유격 훈련을 하며 공수 훈련을 받아야 했습니다. 훈련에서 저의 선택지는 없습니다. 무조건 해야 합니다. 화산 유격장 꼭대기에 11미터 높이로 세워진 모형 탑을 바라보고 있을 때 집합 명령이 떨어졌습니다. 위기를 만나면 본능적으로 피하고 싶은 마음이 들면서 잔머리를 굴리게 됩니다. 도저히 먼저 뛸 용기는 없었습니다. 그렇다고 제일 마지막에 뛰는 것도 못 할 노릇이라고 생각했습니다. 그래도 동기들이 하는 것을 보면 해낼 수 있지 않을까 싶어 중간 정도 줄에 섰습니다. 항상 종대 대열로 실습을 시키던 교관의 습관을 아는 터라 횡대 대열 첫 줄에 섰습니다. 그때 저는 '군대는 줄이다'라는 선배들의 말의 의미를 알게 되었습니다. 그 실습은 횡대 대열을 먼저 시켰고, 저는 1조가 되었습니다.

"아뿔싸!"라는 말밖에 나오지 않았습니다. 2인 1조가 되어 "유격 자신"을 외치며 4층 높이 정도의 계단을 올랐습니다. 그곳에서 마지막 PT체조를 하면서 마음을 다잡았습니다. 그래도 제일 먼저는 도저히 못 할 것 같아 동기에게 먼저 뛰어내려 달라고 요청했습니다. 그러자 동기는 흔쾌히 승낙했고, 저는 2번이 되었습니다. 그렇게 마음을 안정시키고 있던 순간, 다시 한 번 눈앞이 깜깜해졌습니다. 그 모형 탑은 양쪽으로 뛰어내리는 것이었기 때문입니다. 저를 벼랑 끝으로 내모는 것 같았습니다. 가뜩이나 높은 산꼭대기에서 저는 삶의 위기를 맞았습니다. 식욕이 사라졌습니다. 가슴이 답답했습니다. 죽을 것 같았습니다. 다른 모든 훈련은 그래도 할 만했는데 이것만은 도저히 못 할 것 같았습니다. 그래서 기도했습니다. 본성, 본심, 본색이 다 드러난 기도입니다.

"살려 주세요, 하나님!"

"10번 교육생 하강 준비 끝"을 외치고 하나, 둘, 셋의 시간이 지났습니다. 어떤 일이 일어났을까요? 저는 뛰어내리지 못했습니다. 몸은 하늘에 있는데 발은 바닥에 붙어 있었습니다. 엄한 조교의 핀잔이 저를 더 얼어붙게 했습니다. 다시 한 번 마음을 다잡고 외쳤습니다. "10번 교육생 하강 준비 끝." 하나, 두울…. 어떤 일이 일어났을까요? 제 뒤에 있던 상병 조교가 '픽' 하며 저를 밀어 버렸습니다. 그리고 그 상태로 한 6미터쯤 자유 낙하로 떨어졌습니다. 슬로우 비디오가 재생되는 것 같은 상황이 제게 펼쳐졌습니다. 그때 저를 지탱하고 있던 생명 줄이 기능을 발휘해서 저를 꼭 붙잡았습니다. 죽을 것 같았는데 죽지 않았습니다. 공포감이 안정감으로 바뀌는 순간이었습니다. 이후 반복된 훈련은 '체계적 둔감법'이 적용된 것처럼 고소 공포를 극복하게 해 주었고, 오히려 훈련을 즐길 수 있는 자신감을 심어 주었습니다. 여전히 높은 곳은 저를 두렵게 하지만, 피할 대상은 아닙니다.

군 생활과 훈련은 '해 볼래?'라는 권유가 아니라 '하라!'는 명령일 때가 많습니다. 그리고 이전에는 경험해 보지 못한 위기 상황으로 우리를 몰아갑니다. 강도 높은 훈련, 낯선 인간관계, 사랑하는 이들과의 분리감과 상실감에서 오는 심적인 고통이 그렇습니다. 이러한 한계와 위기는 우리를 포장하고 있던 가면을 벗기고 무장 해제시켜 버립니다. 실존적인 한계와 고독을 경험하게 합니다. 위험한 고비입니다. 하지만 위기(危機)는 '위험한 기회'이기도 합니다. 나의 약함과 부족함을 알게 되어 변화를 시도하고, 약점을 극복하는 근력을 키울 수 있는 시간이 되기 때문입니다.

《누가 변화를 꿈꾸는가》(좋은씨앗 역간)라는 책의 저자 스티브 아터번(Stephen Arterburn)은 좌절감에 빠져 있거나 무언가에 짓눌려 있다면 이제 변화할 준비가 된 것이라고 말하며 예를 듭니다. 컴퓨터가 등장하고 나서 제일 먼저 컴퓨터를 배운 사람들은 대부분 글씨가 악필이었다고 합니다. 다른 사람이 잘 알아볼 수 없을 정도로 글씨를 못 쓰기 때문에 기계의 힘을 빌려 바른 글씨를 써야 했던 것입니다. 반면에 글씨를 잘 쓰는 사람일수록 컴퓨터를 늦게 배웠습니다. 기계의 힘을 빌리지 않더라도 별 불편이 없었기 때문입니다. 요즘은 컴퓨터 활용 능력이 글씨를 잘 쓰는 것보다 경쟁력이 있습니다. 부족함을 채우려 도전하면 그것이 능력이 됩니다.

펭귄들은 뒤뚱뒤뚱 떼를 지어서 바다로 모여듭니다. 그런데 막상 빙산 끝에 다다르면 서로 눈치를 봅니다. 바닷속에는 맛있는 먹이가 있지만, 무서운 천적들도 많기 때문입니다. 그래서 펭귄들은 과감하게 바다로 뛰어들지 못하고 머뭇거리고 맙니다. 이때 불확실성으로 가득한 바다를 향해서 용감무쌍한 펭귄 한 녀석이 첨벙 뛰어듭니다. 그러면 머뭇거리던 다른 펭귄들도 비로소 일제히 그 녀석을 따라서 바다로 뛰어듭니다. 이 화끈한 최초의 펭귄이야말로 온갖 위험을 무릅쓰고 성공을 향해 나아가는 용감한 도전자라고 할 수 있습니다. 그래서 영어로 '퍼스트 펭귄'(First Penguin)이라고 하면 '과감하게 도전하는 사람'을 의미합니다. 이들로 인해 사회는 변화합니다.

군 생활은 극기(克己) 훈련입니다. 자신의 감정과 육체적 한계를 끊임없는 훈련을 통해 극복해 갑니다. "살려 주세요, 하나님!"이 나오는 수많은 상황이 연출되지만, 이때 패잔병처럼 뒤로 물러서기보다는 자신의 민낯을 직면해서 "돌격! 앞으로!"를 외치면 어떨까요? 한계를 말하는 자는 한 게 없지만, 떠밀려 떨어질지라도 한계를 직면하는 자는 '퍼스트 펭귄'이 됩니다.

'피할 수 없다면'과 '즐겨라!' 사이에 숨겨진 '극기와 훈련'은 기도를 기대로 바꾸어 줍니다. 나를 '살려 주세요!'라는 기도가 사랑하는 이들을 '살려 줄게요!'라고 고백될 날을 기대해 봅니다.

━━━━━●━━━━━
연금술사의 질문

1. '권유'가 아닌 '명령'을 요구하는 현실이 줄 수 있는 장점은 무엇이라고 생각합니까?

2. "살려 주세요!"라고 할 만큼 어려움을 느끼는 당신의 한계와 약점은 무엇이며, 이를 극복하기 위해 어떤 노력을 하고 있습니까?

악! 악! 악!

"악! 악! 악!"

유격 교육생의 외침입니다. 무더운 날씨를 배가시키는 치열한 훈련장에 차가운 아이스크림 500개를 가져가 위문했습니다. 사막에서 오아시스를 만난 이들처럼 모두 행복한 눈빛으로 환호성을 치며 환영합니다. 군종목사가 인사말을 건넨다며 눈치 없이 묻습니다.

"여러분! 안녕하십니까?"

안녕(安寧), 즉 아무 탈 없이 편안하냐는 질문입니다. 저도 알고, 그들도 압니다. 고된 훈련에 힘들어 지쳤고, 불편해 죽을 것 같습니다. 3초간의 정적이 갖는 함의는 많은 것을 말해 줍니다. 그래도 답을 합니다.

"악!"

안녕하다는 것입니다.

"악!"

할 만하다는 것입니다.

"악!"

해 보겠다는 것입니다.

"악!"은 몸의 말이 아닌 정신의 언어입니다. 그리고 외칩니다.

"유격 자신!"

유격(遊擊) 훈련은 군사 적지나 전열 밖에서 그때그때 적을 기습적으로 공격하는 전술을 익히는 훈련을 말합니다. 곧 게릴라전에 필요한 훈련을 의미합니다. 영어로는 Guerrilla Training, 혹은 Ranger Training이라고 합니다. 한계를 뛰어넘는 개인의 전투력 향상을 위해 연 1회 실시하며, 주로 극기와 팀워크 향상을 목표로 실시합니다. 혹한기 훈련과 함께 육군의 양대 필수 훈련이며 가장 힘든 훈련으로서, 다른 훈련은 빠질지언정 이 두 훈련은 반드시 실시합니다. 이로 인해 간부나 병사 모두 피할 수 있다면 꼭 피하고 싶은 훈련이지만, 해내고 난 뒤에는 평생의 자랑이 되는 훈련입니다. 즉 하고 싶은(want) 훈련은 아니지만, 해야만 하는 (must) 훈련인 것입니다.

저의 첫 유격 훈련을 잊을 수 없습니다. 각종 장애물 코스와 참호 격투 그리고 악명 높은 모형 탑 훈련마저 성공적으로 마쳤습니다. 정말 몸에서 진이 다 빠질 정도로 힘들고 정신이 하나도 없었지만 생각보다 잘 해냈습니다. 이제 마지막 남은 코스는 레펠 훈련으로, 70-80미터 정도 되는 깎아지른 수직 절벽에서 줄 하나 매고 내려오는 훈련입니다. R1, R2라고 쓰여 있는 절벽에서 훈련 전날 유격 조교들이 시범을 보여 주었습니다. "하강!" 하면서 바위를 박차고 수직으로 내려오거나, 줄을 잡고 땅을 보며 수직으로 떨어지는 모습에 모두 탄성을 지르고야 말았습니다. 이후 "우리가 저걸 할 수 있을까?" 웅성거리는 소리가 들렸습니다. "난 못 해", "차라리 지금까지 한 것들을 다시 하겠다" 등의 소리였습니다. 그날 생활관으로 복귀하는 마음은 어느 때보다 무거웠습니다.

복귀 후 정체불명의 소문이 5분 만에 온 생활관에 퍼졌습니다. '비 오면 내일 훈련 안 하고 복귀한답니다.' 근원지는 아직도 밝혀내지 못했습니다. 훈련을 받는 구성원은 모두 군종장교입니다. 군복 입은 성직자들로서 목사, 신부, 법사가 모여 있었습니다. 이들이 한 일은 무엇일까요? 그것은 다름 아닌 기도입니다. 그날 기도에 일가견이 있던 이들은 조용히 자기 자리에서 눈을 감고 나름의 의식을 감행(?)했습니다. 어려움과 위기 앞에 대동단결하듯 각자의 신앙에 근거해서 "비를 내려 주소서" 하며 기도했습니다.

그런데 놀라운 일이 펼쳐졌습니다. 땅거미가 지며 어둠이 몰려옴과 동시에 빗소리가 들리기 시작했습니다. 우리는 서로 얼굴을 보며 다들 자신의 기도를 들어주신 것이라고 말하고는 "내일 훈련 취소되겠네", "이제 맘 편히 잡시다", "빗소리가 자장가 소리 같네" 하며 잠이 들었습니다. 그리고 아침이 되었습니다. 앗! 이럴 수가. 숙소 밖은 우리의 마지막 훈련을 축복이라도 하는 듯 맑고 화창했습니다. 흙먼지 가득한 유격 훈련장을 깨끗이 청소해 준 듯했습니다. 모두 낯빛이 찌그러졌습니다. "유격 자신!" 하는 구호는 "하기 싫다!", "정말 싫다!"로 들렸습니다. "신이여, 우리에게 왜 이런 시련을 주시나이까?"라며 농담처럼 말하지만, 진심으로 받아들여졌습니다.

유격 교관은 위험한 훈련이라며 어느 때보다도 강력한 PT 체조를 주문했습니다. 높은 곳에 대한 두려움이 유난히 컸던 저는 제 의지와 상관없이 후들거리는 다리의 떨림이 뇌까지 진동시키는 듯했습니다. 아래를 보지 말라고 했는데 그 말과 동시에 아래를 보고 말았습니다. 그래서 다시 기도했습니다.

"주님! 살려 주세요. 주님! 꼭 해야 한다면 제발 안전하게 감당하게 해 주세요."

그렇게 레펠에 의지해 한 번은 바위를 밟고 걷고, 한 번은 눈을 질끈 감은 채 점프를 해서 R1, R2 강하를 성공했습니다. 누구보다 느린 속도였지만 해냈습니다. 훈련 전의 두려움의 크기보다 강하의 어려움의 크기는 상대적으로 작았다는 것을 알았습니다. 훈련 전의 불안감은 훈련 후에는 자신감으로 바뀌었고, 다시 해보고 싶다는 무서운(?) 마음까지 들기도 했습니다.

저는 이 경험을 통해 두 가지를 배웠습니다. 첫째, "악! 악! 악!"은 기도(祈禱: 인간보다 능력이 뛰어나다고 생각하는 어떠한 절대적 존재에게 빎. 또는 그런 의식[표준국어대사전])입니다. 어려움과 장애물을 피하게 해 달라는 기도가 아니라, 감당하게 해 달라는 기도입니다. 이 기도를 인도의 시성 라빈드라나트 타고르(Rabindranath Tagore)는 다음과 같이 길게 풀어 주었습니다.

위험에서 벗어나게 해 달라고 기도하지 말고 위험과 용감히 맞설 수 있게 해 달라고 기도하게 하소서. 고통을 가라앉게 해 달라고 청하지 말고 고통을 이겨 내는 마음을 달라고 청하게 하소서. 인생이라는 싸움터에서 아군을 찾지 말고 스스로의 힘을 찾아낼 수 있게 하소서. 불안과 두려움 속에서 구원을 갈망하지 말고 자유를 쟁취하는 인내심을 갖게 하소서. 성공 속에서만 당신의 은혜를 느끼는 비겁한 자가 아니라 실패에서도 당신의 손길을 느끼게 하소서.

군 생활뿐만 아니라 사회생활을 하면서도 삶이 우리에게 하라고 강요하는 부담스럽고 고통스러운 유격 훈련이 있습니다. 그때마다 "악! 악! 악!" 기도합니다.

둘째, "악! 악! 악!"은 기도(企圖: 어떤 일을 이루려고 꾀함. 또는 그런 계획이나 행동[표준국어대사전])입니다. '하고 싶은 일'(want)만 하다 보면 진정 하고 싶은 일을 할 수 없지만, '해야만 하는 일'(must)을 묵묵히 하다 보면 진정 하고 싶은 일을 할 때가 옵니다. 삶의 지혜는 'must'를 'want'로 바꾸는 것입니다. 이를 '삶의 해석학'이라고 합니다.

하고 싶은 일을 막아 버린 군 생활을 무의미하고 헛된 시간이라고 여기는 이들이 있는가 하면, 의무 복무로서 반드시 해야 하는 군 생활을 성장과 성숙의 시간으로 바꾸어 가는 이들이 있습니다. 하고 싶지 않은 일을 해야 하기에 현실을 부정하는 이들이 있는가 하면, 해야만 하는 일을 긍정하고 죽음의 수용소에서 의미를 찾으려고 노력했던 빅터 프랭클처럼 하고 싶은 일로 바꾸어 가는 이들이 있습니다. 이 'must'와 'want' 사이의 기도가 바로 "악! 악! 악!"입니다. 이렇게 외치다 보면 우리는 그 순간을 훈장처럼 말하게 됩니다. "유격 자신!"

의무 복무를 감당하는 병사들에게는 군 생활 자체가 유격 훈련입니다. 또 삶에는 피할 수 있다면 피하고 싶은 고난이라는 이름의 유격 훈련이 있습니다. 안녕하지 못한 순간이 산 넘어 산입니다. 그럴 때마다 기도하며 버티고, 기도하며 길을 내어 보았으면 합니다. 신은 '일어나는 법을 알려 주기 위해 넘어지는 법을 먼저 알려 주시고, 섬기는 사람이 되게 하기 위해서 아픔을 극복하게 하신다'라고 합니다. 그러므로 오늘도 "유격 자신!"할 때까지 외쳤으면 합니다. "악! 악! 악!"

━━━●━━━

연금술사의 질문

1. '악!' 소리를 내며 기도할 정도로 어려웠던 고난을 극복했던 경험이 있습니까? 없다면, 지금 고민하고 있는 어려움은 무엇입니까?

2. '해야만 하는 일'을 '하고 싶은 일'로 바꾸어야 할 것은 무엇이며, 이를 할 수 있는 자신만의 방법에는 어떤 것이 있습니까?

살려야 한다

'살려야 한다.' 국군 의무병과의 병과훈입니다. 이 구호는 비단 의무 특기를 가진 군인들에게만 해당하는 것은 아닙니다. 전투에 임하는 군인들은 모두 전우를 지키고, 살려야 합니다. 그래서 기초 군사 훈련 중에 '전투 부상자 처치'라는 구급법 교육을 필수적으로 받습니다.

이 교육의 목표는 '교전 중 전투 부상자 응급 처치 및 운반 능력을 배양'하는 것으로서 모든 군인들이 전투용 지혈대 적용법, 전상자 운반법(끌기법, 안장법, 업치기법), 기본 소생술 등을 체득하는 것입니다. 구급법 교육을 받다 보면 정확성과 신속성이 매우 중요하다는 것을 배웁니다. 부상자 발생 간 정확한 조치를 하지 못하거나 신속하게 대응하지 못해 골든타임을 놓치면 살릴 수 없습니다.

'살려야 한다.' 이 한마디는 매우 비장합니다. 그런데 막상 훈련장에서 교육받는 용사들의 모습은 그렇게 결연하지 않고 무관심합니다. '상황이 닥치면 다 할 수 있지 않을까?', '전역하기 전까지 써먹기는 할까?' 등을 생각하며 '대충', '할 수 없이', '억지로' 안이한 마음을 가지고 임합니다. 반면, 훈련을 담당하는 경험 많은 교관의 눈빛은 다릅니다. 마치 지금 전쟁이라도 난 것 같은 비장함이 묻어 있습니다. 그 눈빛에는 위급한 상황에서의 적시적인 조치의 중요성을 느꼈던 경험, 해야 할 것을 하지 못했던 후회와 안타까움 등이 담겨 있습니다. 그래서 교관은 '꼼꼼히', '의욕적으로', '자발적으로' 훈련받기를 바랍니다. 더 나아가 구급법의 대상자가 타인이 아니라 자신이라고 생각한다면 더욱 절실해집니다. 나를 살려 줄 사람이 방법을 모르고, 나를 구해 줄 사람이 아무도 없다면 절망적입니다.

군종장교로 처음 자대 배치를 받은 곳은 25사단 71연대입니다. 최전방 철책을 지키는 GOP(General Outpost, 일반전초) 경계부대입니다. 당시 제 일상은 매주 화요일, 목요일 밤 11시부터 새벽 5시까지 부대 담당 철책 11킬로미터에서 근무하고 있는 초병들을 위문하는 것이었습니다. 신학자 칼 바르트(Karl Barth)가 말한 것처럼 '한 손에는 성경을, 다른 한 손에는 신문을' 든 것이 아니라, '한 손에는 초코파이를, 다른 한 손에는 커피를' 들고 그들을 만났습니다.

손에 들고 있는 것들 덕분이었는지, 용사들은 언제나 저를 반겨 주었습니다. '어마어마한 일생'을 담고 있는 그들과의 만남은 세상을 바라보는 새로운 눈을 열어 주었습니다. 세상은 낭만적인 놀이터가 아니라 치열한 전쟁터라는 것입니다. 그들의 이야기를 통해 20대 짧은 생에 농축된 인생의 쓴맛과 단맛을 느낄 수 있었고, 삶의 전쟁터에서 살아남기 위해 고군분투하며 흘린 피와 땀을 볼 수 있었습니다. 그 이야기를 들으며 차마 해 줄 수 있는 말이 없어 눈물 흘렸고, 마음을 다해서 기도했습니다.

"제 인생은 저주입니다. 하나님이 어디 계십니까? 하나님이 정말 사랑이신 것입니까? 저희 집은 왜 이렇습니까?"

이렇게 따져 물으며 독기 어린 눈빛을 보내다가 어느덧 제 가슴에 묻혀 울고 있는 이들이 있습니다. 누군가는 전역이 희망이라고 하는데, 차라리 군대가 마음이 편하다고 하며 희망 없는 전상자가 되어 있습니다.

"아무도 제 이야기를 들어 주는 사람이 없습니다."

사랑하는 이들과의 이별과 상실로 인한 슬픔, 사회와의 단절감과 자신만의 속사정을 공유할 이가 없어 느끼는 외로움으로 만신창이가 된 채 살아남기 위해 씨름하고 있는 이들도 있습니다.

"저는 잘하는 것이 하나도 없습니다. 저는 해도 잘 안 됩니다. 저 자신이 너무 초라합니다. 저는 쓸모없는 존재입니다."

사회에서 부여잡고 있던 부모의 재력, 공부 좀 해서 얻은 학력, 남과 다르게 쌓아 온 경력 등으로 내세웠던 자신감의 성이 무너져 버렸습니다. 낯선 환경에 적응하고, 익숙하지 않은 임무에 실수 연발하며 '자존감'이 추락하는 부상을 당합니다.

용사들에게 군 생활과 인생은 늘 최전방이고 전쟁터입니다. 그래서 구급법이 필요합니다. 그런데 구급법에는 '나쁜 구급법'과 '착한 구급법'이 있습니다. 먼저, '나쁜 구급법'은 삶이라는 전투를 견디기 위해 때로는 술에 취하고, 게임으로 현실을 도피해 보고, 내면에 쌓인 스트레스를 분노와 짜증으로 폭발시키는 것입니다. 이는 고통을 잠시 잊게 할 뿐 근본적인 해결책이 아닐뿐더러, 주변 사람들에게 더 큰 상처를 남깁니다.

반면 '착한 구급법'은 바로 '만남'입니다. 이는 마음의 심폐 소생술을 실시하고, 상처에 대한 지혈을 하며, 새로운 삶으로 운반하는 구급법을 행하는 것입니다. 너무 괴롭고 힘들다는 이야기를 경청하며 꾹꾹 눌러 놓은 감정을 꺼내어 목 놓아 울 수 있는 기회를 주는 마음의 심폐 소생술을 실시하고, '넌 혼자가 아니다. 내가 네 곁에 있어 줄게' 하며 마음의 출혈을 막을 수 있도록 지혈대를 대고, 절망에 갇혀 버린 시야를 소망으로 끌어 주고, 운반하고, 업어 주는 만남입니다.

어린아이들이 크레파스로 쓱쓱 그려 놓은 그림은 대개 쓰레기통으로 갑니다. 그것을 '낙서'라고 표현합니다. 인생의 전쟁터에서 더 이상 기능 발휘가 안 될 것 같은 부상을 당하고 나면 자신의 인생이 낙서처럼 여겨집니다. 남들은 훌륭한 '작품'인데, 자신은 '낙서'로 여겨집니다. 그리고 자신을 '쓰레기'라고 부르며 자학합니다. 그런데 한 사람과의 만남은 '낙서'를 '작품'으로 바꾸기도 합니다. 바로 루스 우스터만(Ruth Oosterman)이라는 화가입니다. 이 사람은 아이들이 마음대로 낙서를 하게 합니다. 그러고는 아이가 낙서해 놓은 것에 색을 입히고, 그림을 그립니다. 그러면 아름답고 멋있는 한 폭의 그림이 탄생합니다. 이 그림에 대해 그녀는 말합니다.

"이브(딸)와 그림을 그리면서 나에게 가장 중요했던 건, 아이에게 자신이 생각하는 비전을 확인시켜 주는 거였어요. 아이가 처음 떠올렸던 형상이 어떤 거였는지 확인해 가면서 그림을 그렸죠."

아이에 대한 애정과 기대를 가진 그녀는 버려질 낙서를 작품으로 살려 냈습니다.

군대는 대한민국이라는 나라를 살리는 구급법입니다. 군대를 이루고 있는 군인은 수많은 삶의 전쟁을 치르고 있는 젊은이들의 총합입니다. 그래서인지 주변을 살펴보면 곳곳에 전투 부상자들이 있습니다. 이때 착한 구급법이 되었으면 합니다. 능숙한 기술이 없어도 한 사람에 대한 애정과 기대를 가지고 있다면 충분합니다. '이 놈 또한 지나가리라', '내 꿈은 무사 전역'이라는 동료에 대한 무관심의 눈빛이 아닌, '사람은 선물이다', '내 꿈은 임무 완수'라는 결의에 찬 눈빛으로 명령을 받았으면 합니다.

연금술사의 질문

1. 당신이 가지고 있는 '착한 구급법'과 '나쁜 구급법'은 무엇입니까?

2. 당신이 살리고 싶은 대상, 가치, 원칙은 무엇입니까? 이를 위해 준비한 자신만의 구급법에는 어떤 것이 있습니까?

알아야 산다

"가스! 가스! 가스!"

화생방 훈련 중 가스 실습 간 외치는 구호입니다. 군 생활하면서 피할 수 없으면 즐기라고 하지만, 피할 수 있다면 반드시 피하고 싶은 훈련 중 세 손가락 안에 들어가는 것이 바로 화생방 훈련입니다.

"가스실에는 하나님도 안 계신 것 같습니다."

"제 몸에 있는 구멍이란 구멍에서 모두 체액을 뿜어냈습니다."

"눈물, 콧물, 침으로 범벅되었을 뿐만 아니라, 머리가 하얘지고 정신이 하나도 없었습니다."

그만큼 가스실의 고통은 너무나 큽니다.

화생방 훈련은 화학 병기, 생물학 병기 및 방사능 무기에 의한 공격을 대비하는 훈련입니다. 훈련의 내용은 가스 실습, 보호의 착용 및 상황 조치, 제독 및 관련 약품에 관한 교육 등입니다. '알아야 산다'는 슬로건처럼 화생방 무기의 위험성을 인지하고, 방독면을 포함한 보호 장구류의 착용이 얼마나 중요한지를 배웁니다. 특히 가스 실습을 통해 가스의 위험성과 방독면의 중요성을 몸소 체험해서 알게 됩니다.

가스실에서 사용하는 화학 약품은 CS가스(2-클로로벤즈알말로노나이트릴[C10H5ClN2])입니다. 이 가스는 비치사성 화학 무기로서 최루제 중의 하나입니다. CS가스에 접촉하면 피부와 눈의 습기와 반응하게 되면서 타는 듯한 느낌과 통증이 나타납니다. 때로는 이 가스로 정신이 혼미해지고, 현기증에 의해 숨을 잘 쉬지 못하는 상황이 펼쳐집니다. 혹자는 청양 고추가 곱게 갈린 포대에 얼굴을 통째로 박고 숨을 쉬는 것과 같다고 합니다. 너무나 고통스럽다는 의미이며, 이를 지옥 불에 들어갔다 나오는 체험이라고 표현하기도 합니다. 고통의 크기가 너무 커서 실습을 마치고 나면 이 어려운 것을 해냈다는 '뿌듯함'보다는 이제 끝났다는 '안도감'이 더 큽니다.

일반적으로 소위 지옥 불이라고 하는 실습은 한 번 합니다. 그런데 저의 첫 가스 실습은 지옥문이 세 번 열리고 말았습니다. 첫 번째 문이 열리기 전, 긴장감과 두려움이 온몸을 감싸 안았습니다. 실습을 마치고 나온 후 체면 불구하고 여기저기 널브러져 구토하고 비명을 지르는 실습생들의 모습을 보면서 어떻게든 실습장에서 도망치고 싶었습니다. 그런데 막상 방독면을 착용하고 가스실에 들어가니 생각보다 괜찮았습니다.

'괜히 겁먹고 걱정했던 것 아닌가? 버텨 볼 만하겠는데!'

그것도 잠시, 교관이 정화통 분리를 명령합니다. 숨을 한껏 들이마신 후 정화통을 분리했습니다. '조금만 참고 버티면 된다'고 생각하며 견뎠습니다. 그런데 아뿔싸! 교관이 다시 지시합니다. 〈어머니의 마음〉을 부르라는 것입니다.

"낳실 제 괴로움 다 잊으시고 기르실 제 밤낮으로 애쓰는 마음."

이쯤 되면 노래가 되지 않습니다. 고통에 몸부림치고 콜록콜록 기침을 하며 1분이 한 시간처럼 느껴지는 놀라운 일을 경험합니다. 이때 제 옆에서 고통스러워 어쩔 줄 몰라 하던 법사님이 가스실 문을 열고 밖으로 뛰쳐나갔습니다. 교관과 조교들은 호통을 치며 저희를 닦달합니다. 그래도 안심이 되었던 것은 '이제 곧 끝나겠구나!' 하는 기대가 있었기 때문입니다.

하지만 기대는 이내 절망으로 바뀌었습니다. 저희에게 내려진 명령은 '다시!'입니다. 사기충천이 아니라 사기가 땅바닥까지 떨어지고 만 분대원들은 현실을 인식하고 법사님께 다가갔습니다. '우리는 한 팀이다', '함께 도우면서 이번에는 포기하지 말고 꼭 마치자'고 다짐하고 격려했습니다.

그렇게 두 번째 지옥문이 열렸습니다. 동일한 절차가 반복되었습니다. 정화통을 분리하자 법사님이 다시 어쩔 줄 몰라 합니다. 다행히 가스실 문은 조교가 지키고 있어 같은 일이 반복될 것 같지는 않았습니다. 그런데 언제나 예상 밖의 일은 일어납니다. 법사님이 비닐로 막아 놓은 창문을 뚫고 넘어가고 말았습니다. 상상할 수 없는 엄한 불호령이 떨어졌습니다. 그래도 가스실이 망가졌으니 훈련은 종료되겠구나 하며 안심했습니다.

"일체의 희망을 버려라!"

《신곡》의 저자 단테(Dante Alighieri)가 지옥의 입구에 어떤 간판이 걸려 있을까 상상하며 쓴 문구입니다. 그 말이 현실이 되고 말았습니다. 가스실은 이내 수리되었고, 우리 분대는 당일 가스 실습의 마지막 조로 '다시' 하게 되었습니다. 이제 법사님을 더 이상 믿을 수 없게 된 분대원들은 그와 팔짱을 긴 채 실습에 임했고, 서로 도와 가며 성공적(?)으로 훈련을 마쳤습니다. 가스실의 공포와 고통은 이루 말할 수 없었으며, 가스를 막아 주는 방독면의 고마움을 절실하게 느낄 수 있었던 시간이었습니다. 화생방 상황 발생을 대비해 반드시 방독면을 준비하고, 신속하게 착용해야겠다고 다짐했습니다.

그런데 가스실에서만, 전쟁 상황에서만 CS가스탄이 터지는 것은 아닙니다. 인생을 전투에 비유한다면 우리 삶에서는 예상치 못했던 지뢰가 터지기도 하고, 감당하기에는 너무나 크고 고통스러운 CS가스탄이 터지기도 합니다. 군 생활을 함께하는 이들 중에는 이미 그 가스탄을 맞은 사람도 있고, 앞으로 살아가면서 가스탄을 맞게 될 이들도 있습니다.

지갑 속 애인의 사진을 보며 하루하루를 버텨 가는데 어느 날 연락이 옵니다. '우리 헤어져.' 18개월의 시간을 꾸역꾸역 버텨 가고 있는데 무뚝뚝한 아버지의 문자가 옵니다. '병원에서 네 엄마 암 4기 진단받았다. ㅜㅜ.' 아들 걱정할까 봐 아무 말도 하지 않던 어머니가 통화 중에 실수로 언급합니다. '네 아버지, 해고

통보를 받았다.'

　보통 입대하면 '어느 지역 부대에 보직되는가'에 레이더를 높이고 관심을 갖습니다. 집이 가까우면 좋은 부대라고 합니다. 하지만 경험을 되짚어 보면 '어떤 사람과 함께하는가'가 더 큰 역할을 한다는 것을 알게 됩니다. 자신을 괴롭게 하는 상관이나 선임, 혹은 못되거나 무능한 후임을 만나 고생하는 CS가스탄이 터지고 맙니다. '아무도 나의 이야기를 들어 주는 사람이 없다', '내 모든 노력이 수포로 돌아갔다', '담배 연기 속에 숨어 버리고 싶다. 주변의 무시하는 시선과 나를 쓰레기처럼 여기는 눈빛이 너무 따갑고 싫다'고 말합니다. 숨 한번 제대로 쉬기 힘들고, 일체의 희망을 버려야 될 것 같은 늪에 빠져 허우적거립니다. 이럴 때 필요한 것이 방독면입니다. 우리는 인생의 방독면을 찾아야 합니다. 기대하지도, 예측하지도 않았던 인생의 CS가스탄이 터질 때 사용할 수 있는 방독면이 있어야 합니다.

　그런데 이 방독면에는 나쁜 것과 착한 것이 있습니다. 먼저 나쁜 방독면은, 첫째, 우리가 너무 쉽게 선택하는 술, 담배, 약물입니다. 술기운에 잊으려 하고, 담배 연기 속에 자신을 감추려 하며, 약물의 힘을 빌려 환각 속에 살아가려고 합니다. 하지만 나를 위로해 주는 것이라 여긴 것들이 내 마음과 영혼을 병들게 합니다. 둘째, 현실을 도피하게 하는 게임입니다. 스포츠와 놀이로서의 게임이 아닌, 현실을 직면하기 어려워 가상 현실 속에 자신을 묻어 두는 것입니다. 이 또한 잠시는 잊게 해 주지만 근본적인 해

결책은 아닙니다. 셋째, 자신의 감정을 통제하지 못하고 주변 사람들에게 쏟아 붓는 분노와 짜증입니다. 이러한 반응은 나를 정말 사랑하는 이들에게 상처를 주고, 결국에는 나를 떠나게 만든다는 점에서 최악입니다.

그런가 하면 착한 방독면은, 첫째, 책이나 강연을 통해 다른 사람의 경험으로 자신을 반추해 보는 것입니다. 나만 힘든 것 같지만, 우리네 삶의 고난은 끊이지 않습니다. 우리보다 앞서 고통이라는 터널을 통과한 이들의 이야기를 통해서 '왜 나에게만?'이라는 질문을 '왜 나라고 못해!'라는 다짐으로 바꿀 수 있습니다. 둘째, 사랑하는 사람과 인생의 멘토들입니다. 상황은 바뀌지 않을지라도 누군가 나의 이야기를 들어 주는 것만으로도 '정화적 안정감'을 얻어 다시 힘을 낼 수 있습니다. 또 사랑하는 이들을 생각하며 이 악물고 견뎌 내다 보면 어느 순간 고통의 강을 건넜음을 발견합니다. 셋째, 신앙입니다. 정화통은 물리적 필터와 화학적 필터로 구성되어 있습니다. 물리적 필터를 통해서는 비교적 큰 가스 입자를 걸러냅니다. 그러나 물리적 필터에는 분명 한계가 있습니다. 미세한 가스 입자가 남아 있기 때문입니다. 이때 이 미세한 가스 입자를 걸러내는 것이 바로 화학적 필터입니다. 그리고 화학적 필터처럼 물리적 환경을 초월적으로 극복하게 하는 것이 바로 신앙입니다.

우리네 삶은 놀이터가 아닌 전쟁터입니다. 내가 아무리 열심을 가지고 완벽하게 살아간다 해도 나의 의지와 상관없이 외부적으로 우리를 괴롭게 하고, 감당하기 어려울 정도로 무너지게 하는 CS가스탄이 터집니다. 이때 인생의 방독면이 필요합니다. '가스! 가스! 가스!'가 터져도 '알아야 산다'는 말처럼 알고 대비되어 있으면 살아남을 수 있고, 살아 낼 수 있으며, 고통을 이겨 낸 자가 얻는 '훈장'을 달 수 있습니다.

방독면이 있으면 지옥문이 세 번 열려도 살 수 있습니다. 군 생활은 인생 전투에서 승리하기 위해 가스의 위험성을 배우고, 이를 극복하기 위한 착한 방독면을 준비하는 시간입니다.

연금술사의 질문

1. 예상치 못한 인생의 CS가스가 터진 경험이 있습니까? 혹은 그런 경험을 하는 이들을 만난 적이 있습니까?

2. 당신에게는 자신을 보호할 수 있는 '착한 방독면'이 있습니까? 있다면, 인생 CS가스의 입자를 걸러 줄 '물리적 필터'는 무엇입니까? 당신은 보이지 않는 입자까지 걸러 줄 '화학적 필터'를 가지고 있습니까?

격! 격! 격!

"불합격!"

영점 사격장에서 두 번이나 들었던 선언입니다. 다른 동기들은 한 번에 통과하거나, 적어도 두 번째에는 모두 성공해서 실사격장으로 이동했습니다. 저를 비롯해 아주 최소한의 인원만이 사격에 대한 감(感)이 없는 사람으로 치부되어 실패감, 좌절감, 실망감을 안은 채 한숨 쉬며 세 번째 사격을 준비했습니다. "김영호 후보생, 이래서 훈련은 마칠 수 있겠나!" 하는 훈육관의 한마디가 뼈를 때립니다. 게다가 피(P) 나고, 알(R) 배기고, 이(I) 갈리는 사격술 예비 훈련(Preliminary Rifle Instruction)을 다시 해야 한다는 사실에 스스로가 원망스러웠습니다.

사격 훈련은 3단계로 진행됩니다. 1단계는 사격술 예비 훈련(PRI), 2단계는 영점 조절 사격(Zeroing Fire), 3단계는 실거리 사격입니다. 먼저, 사격술 예비 훈련은 '사격 전에 사격의 요령을 예습하는 훈련'으로, 사격의 기본인 정조준 개념 숙지, 호흡 조절 및 격발 요령 획득, 사격 자세 연습 등을 합니다. 다만 무거운 총기

류를 들고 반복적으로 하다 보면 다리가 후들거리고 힘든 탓에 '치가 떨리는 훈련'이라 불립니다. 다음으로 영점 조절 사격은 총알이 떨어지는 탄착군을 정확하게 형성하기 위해 소총의 조준기(가늠자/가늠쇠) 등을 조정해서 사격하는 것입니다. 마지막으로 실거리 사격은 100미터, 200미터, 250미터의 표적을 다양한 자세로 사격해서 표적을 맞추는 훈련입니다.

정말 친하고 싶지 않은 사격술 예비 훈련과 한참을 친해진 후 조마조마한 마음으로 세 번째 영점 사격에 임했습니다. 걱정해 주는 조교를 비롯한 여러 사람의 도움으로 겨우 통과할 수 있었습니다. 가르치는 사람도, 보는 사람도, 본인도 모두 안도했습니다. 이후 저는 어차피 불합격을 예약해 놓은 사람처럼 대하는 교관을 비롯한 여러 사람의 걱정스런 시선을 뚫고 실사격에 임했습니다. '멀(250미터 표적) 가(100미터 표적) 중(200미터 표적) 멀가중 멀중 가중'이라고 표적이 올라오는 순서를 계속 되뇌며 총구를 표적을 향해 조준했습니다.

'명중!' 첫 발에 표적이 넘어갔습니다. 그리고 열 발까지 모두 표적을 맞췄습니다. 스스로 놀라 심장이 두근거리기 시작했습니다. 남은 열 발도 호흡을 가다듬으며 신중하게 표적을 조준하고 사격했습니다. 결과는 스무 발 중 열아홉 발을 맞췄습니다. 사격을 마치고 일어서자 저를 바라보는 시선이 바뀌었습니다. 걱정스레 바라보던 이들이 '와!' 하는 함성과 큰 박수로 환호해 주었습니다. '사격 관심 후보생'에서 '사격 엘리트 명사수'로 반전되었습니다. 제게 들려온 한마디는 "합격!"이었습니다.

이 사격은 군종목사인 저의 최초이자 마지막 사격입니다. 군종 장교는 비전투 요원으로 총 없는 유일한 군인이기 때문에, 양성 기관에서 훈련을 제외하고는 더 이상 사격을 하지 않습니다. 저는 지금까지 스무 발을 쏘면 열아홉 발을 맞추는, 사격 실력이 매우 뛰어난 군종목사입니다. 어디서든지 근거 있는 자신감을 갖고 사격 자랑을 할 수 있습니다.

당시 사격 훈련은 참 힘들었지만, 평생의 교훈으로 삼을 만큼 '사'람의 '격'을 높이는 인생 사격의 중요한 원리를 가르쳐 주었습니다. 먼저, 인생 사격에서 느린 것이 실패는 아닙니다. 현대 사회는 급속한 변화의 시대입니다. 우리 사회는 어릴 때부터 경쟁으로 우리를 몰아세웁니다. 그러다 보니 '남들보다 늦게 출발하면 그 인생은 실패한 인생이다'라는 고정관념에 사로잡히기 쉽습니다. 경쟁자들은 학업 전선, 취업 전선에서 치열하게 씨름하며 저만치 앞서가는데, 18개월의 군 생활은 '멈춤'을 강요하니 불안합니다. 그래서 이렇게 묻습니다.

"친구들과의 차이를 더 이상 좁힐 수도 없고, 이미 게임은 끝난 것 같습니다. 저는 어떻게 해야 할까요?"

입시에 도전하다 재수, 삼수 그리고 군대로 온 자신의 삶을 생각하니 건빵 한 봉지를 다 털어 넣은 듯 갑갑합니다. 그렇게 막막한 삶을 생각하며 토로합니다.

"저는 안되는 인생인가 봅니다. 이룬 것도 없이 나이만 먹고 있습니다. 제 인생에도 소망이 있을까요?"

때로는 경력 단절이라는 두려움과 뒤처지지 않기 위해 뭐라도 해야 할 것 같은 조급함이 매일을 초조하게 만듭니다. "머리에는 근육만 차고, 손가락은 굳어지고, 운동 신경은 무뎌졌는데, 전역 후에 다시 복귀할 수 있을까요?"라며 애타 합니다. 각 분야의 피라미드 꼭대기에 오르기 위해 수많은 사람이 경쟁하는데, 가만히 있다는 것은 곧 퇴보로 여겨집니다. 이러한 까닭에 느리다는 것, 늦어졌다는 것, 멈추어 있다는 것은 미래가 무너진 것 같은 실망감, 우울감, 열패감을 느끼게 하며, 이러한 '비합리적 신념'은 곧 자신에게 총구를 들이대는 무기가 되어 공격합니다. 이때 우리는 '합리적 신념'이라는 무기를 들고 질문해야 합니다.

'군 생활을 한 모든 사람이 실패했는가?'

'사회생활을 늦게 시작한 사람은 모두 낙오자가 되었는가?'

'병역의 의무를 감당한 모든 사람의 경력이 단절되었는가?'

빨리 시작했다고, 확률이 높다고 모두 성공하는 것은 아닙니다. 늦게 시작한다고, 확률이 낮다고 모두 실패하는 것도 아닙니다. 즉, 느린 것이 실패는 아니라는 말입니다. 단지 목적지에 도착하는 시간이 다를 뿐입니다.

삶은 나의 갈고닦은 실력(實力)과 어찌할 수 없는 운(運)이 함께해서 결과를 냅니다. 그래서 한 분야의 성과를 이룬 대가들은 겸손하게 '운칠기삼'(運七技三) 혹은 '운구기일'(運九技一)이라고 말합니다. 다만 그들의 말의 방점은 운칠, 운구가 아닌 기삼, 기일에 있습니다. 《토끼와 거북이》의 이야기처럼 내가 할 수 있는 일을 우직하게 해내고, 톨스토이(Lev Nikolayevich Tolstoy)가 말한 것처럼 "인생의 가장 중요한 일은 지금 하고 있는 일이다"를 삶으로 실천하는 것이 반전을 이루며 '사'람의 '격'을 높이는 방법입니다.

다음으로는, 인생 사격의 영점을 제대로 잡아야 합니다. 영점이 잡혀 있지 않은 총은 아무리 빨리, 많이, 열심히 쏜다 한들 표적을 맞출 수 없습니다. 성공적인 사격을 위해서는 총의 조준기에 있는 가늠자와 가늠쇠를 조정해서 영점을 잘 잡아야 합니다. 또한 총구 앞에 바둑알을 올려놓고도 떨어뜨리지 않을 정도로 흔들림이 없이 중심을 잡은 뒤 호흡을 가다듬고 사격해야 합니다. 빨리 하는 것보다 중요한 것은 바르게, 제대로 하는 것입니다. 언제나 그렇듯, 속도보다 방향이 중요합니다.

대한민국의 신체 건강한 남자들은 대부분 병역의 의무를 감당하며 젊음이라는 푸른 심장을 18개월간 나라를 위해 이식합니다. 그리고 모두가 함께 '멈춤'의 시간, '쉼표'의 시간을 보냅니다. 이 시기는 인생 사격의 영점을 조정하는 시간입니다. '나는 나의 인생을 살고 있는가, 아니면 남이 짜 놓은 인생을 살고 있는가?', '나의 꿈은 무엇인가? 내 삶의 목적은 올바른가?', '내 삶은 바른 가치와 방향성을 가지고 있는가?' 등의 질문을 하며 성찰할 수 있는 선물과 같은 시간입니다.

"국방부 시계가 돌아가기만을 바라는 전역이 목표가 아니라,

꿈과 비전을 찾는 것이 저의 목표입니다"라며 결의에 찬 눈빛을 보냅니다. "평생 만화책, 웹툰 이외에는 읽어 보지 않던 책 100권을 읽으며 인생을 바꿔 보려고 합니다"라며 장담하더니, 전역한다고 인사 오던 날 독서 노트를 보여 주며 새로운 인생을 위해 기도를 요청합니다. "제 꿈을 제가 롤 모델로 삼고 있는 분들에게 SNS로 전달하고, 그분들과 꿈에 대해 진지한 대화를 나눠 보겠습니다" 하던 이가 흥분한 목소리로 찾아와 그분을 만나러 휴가 간다고 말합니다. "부모님이 원했던 대학과 학과를 진학했는데, 제 적성에 맞는 대학을 가기 위해 편입을 준비합니다" 하던 이가 합격증을 가져옵니다. "그동안은 수단과 방법을 가리지 않고 나만을 위해 사는 고인물의 삶을 살았는데, 이제는 함께, 바르게 사는 흐르는 물의 삶을 살고 싶습니다"라고 말하며 지름길이 아닌 정도를 갑니다.

성찰하는 사람은 고유성이라는 무기를 장착해서 만족도 높은 경쟁력을 갖습니다. 넘버원(Number one)보다 강력한 온리원(Only one)이 됩니다. 문영미 교수는 그의 책 《디퍼런트》(살림Biz)에서 "모두가 화려한 포털 사이트를 표방하고 있을 때, 단순하지만 속도가 빠른 검색 엔진을 개발한 '구글', 100%의 기술력으로 100점짜리 로봇을 개발하는 것은 실패했지만 애완동물이란 감성을 팔아 성공한 소니의 '아이보' 등이 그 실례입니다"라며 고유성의 중요성을 강조합니다. 인생의 영점을 잡는 것은 사람의 격을 높이며 반전을 이루는 방법입니다.

"불합격!"이라는 한마디에 남보다 뒤처진다는 마음이 들 때가 있습니다. 사람들의 시선이 두려워지고 조바심 날 때가 있습니다. 지금 내 모습이 모든 것이 결정 난 인생으로 보이게 하는 고정관념을 강요하는 사회적 분위기에 짓눌릴 때가 있습니다. 그때 '사격'을 기억했으면 합니다. '느린 것이 실패는 아니다.' '지금은 사람의 격을 높이는 인생 사격의 영점을 조절할 때다.' 그렇게 하루씩, 하나씩 견디고 버티다 보면 어느 순간 우리 삶의 우울한 BGM이 환희의 BGM으로 바뀔 것입니다. 그리고 "반전이 없는 드라마는 재미없다. 내 인생이 드라마다"라고 말하며 듣게 될 것입니다. '사격 관심 후보생'이 '사격 엘리트 명사수'가 되어 들었던 그 한마디, "합격!"이라는 말을 말입니다.

---●---

연금술사의 질문

1. '불합격!'을 받아 본 적이 있습니까? 그 경험을 통해서 새롭게 배우고 알게 된 것은 무엇입니까?

2. 삶의 격을 높이기 위해 제대로 맞추어야 할 영점은 무엇이며, 이를 위해 지금 어떤 일을 하고 있습니까?

이번에는 제가 운전해 보고 싶어요

"아빠! 이번에는 제가 운전해 보고 싶어요."

마냥 어리다고 생각했던 아들이 훌쩍 자랐다고 느낀 한마디입니다. 강원도 정선으로 가족 여행을 갔습니다. 아침 일찍 일어난 아들에게 산책을 가자고 제안하니 즐겁게 따라 나섰습니다. 안개가 걷혀 가는 동강, 떠오르며 아침을 알리는 태양이 아빠와 아들을 반겨 줍니다. 무심히 길을 걷는 아빠와는 달리, 아들은 자연의 작은 변화와 움직임에도 신나 하면서 재잘거리며 반응합니다. 어린 시인이 되어 자연을 만끽하는 아들이 부럽기도 하고, 흐뭇하기도 합니다.

"아빠! 저거 타고 싶어요."

어린 시인의 마음을 송두리째 가져가고 흥분시키는 물건이 눈앞에 나타났습니다. 바로 2인승 커플 자전거입니다. 아들의 말을 듣고 흔쾌히 자전거를 빌렸습니다. 아빠의 존재와 전능감을 유감없이 발휘하며 동네 한 바퀴를 돌고 논두렁을 오갔습니다. 어린 시인에게 다소의 경쟁의식을 느낀 아빠는 바람을 맞으며 그

간 쌓아 놓은 자연에 대한 지식을 전달합니다. 아빠는 시인이 되고 싶은데 자꾸 해설사가 됩니다. 그럼에도 어린 시인은 바람과 친구하며, 햇살에게 말을 걸고, 아빠를 노래합니다. 다시 의문의 1패입니다.

한참 자전거를 타던 아들이 자기가 운전해 보겠다고 요청합니다. 자전거의 안장을 가장 낮은 위치까지 조정해도 발이 닿을까 말까 한 초등학교 1학년짜리 아들이 2인승 자전거를 몰아 보겠다는 호기(豪氣)를 부립니다. 아들의 제안에 첫 마음은 걱정이었지만, 기특해서 자리를 내주기로 했습니다. 타는 것을 보니 역시 버거운 일임이 분명합니다. 하지만 핸들을 잡고 버티면서 중심을 잡고, 발끝이 겨우 닿는 페달을 밟으며 최선을 다하는 모습이 대견합니다. 그래서 저도 뒷자리에서 자전거가 넘어지지 않도록 더욱 힘을 줘 균형을 잡고, 페달을 밟았습니다.

'100미터 직진, 성공! 바로 넘어짐, 실패!'

아들은 자신의 뜻대로 되지 않은 속상함 때문인지, 아니면 넘어질 때의 충격으로 인한 통증 때문인지 울음을 터뜨립니다.

"지우야! 괜찮니?"

괜히 어른이 되어서 딱 봐도 되지 않을 일을 하게 했나 하는 후회와 미안함을 가지고 물었습니다. 아들은 흐느끼면서 "아빠, 괜찮아요"라고 답을 합니다. 그리고 입술을 꽉 깨물고 자전거를 봅니다. 눈물이 그렁그렁함에도 눈빛에는 꼭 스스로 해내겠다는 의기(意氣)가 담겨 있습니다. 아빠로서 그 모습을 보며 말할 수 없는 뿌듯함과 행복감을 느낍니다.

아들을 일으키며 마음으로는 '지우야! 그렇게 도전하면서 하나씩 홀로서기를 하는 거야. 아빠는 온 힘을 다해 뒤에서 페달을 밟듯 응원하고 기도할게'라 하고, 입술로는 "엄마한테는 비밀이다"라고 말합니다. 그런데 자전거를 타다 넘어져서 팔다리에 상처 난 채로 터뜨리는 것 같은 울음소리가 훈련장에서도 들립니다. '훈련은 땀! 전투는 피!'라고 쓰인 입구를 지나며 나는 소리입니다.

"훈련은 전투다! 각! 개! 전! 투!"

각개 전투 교장에서 훈련병들이 큰 소리로 외치는 구호입니다. 각개 전투는 군사 훈련의 정점으로서 가장 강도 높은 훈련입니다. 훈련병 입장에서는 가장 두렵기도 하고 걱정도 많이 되기에 목청껏 구호를 외치며 기합을 불어넣습니다. 공포심을 극복하는 데는 함성만 한 것이 없기에 각자가 할 수 있는 한 최선의 사자후를 토합니다.

각개 전투란 육군의 훈련 중 하나로서 각 개인이 전투를 한다는 의미입니다. 각개 전투의 목적은 병사 개개인이 차례대로 혹은 분대와 소대 단위로 약진과 포복을 병행하며 적진까지 접근해 전투를 벌여 목표(고지)를 점령하는 것입니다. 여기서 가장 중요한 것은 생존이고, 두 번째로 중요한 것은 목표 점령입니다. 통상 각개 전투 교장은 수풀과 흙과 돌이 널려 있는 험한 지형입니다. 이곳에서 장애물을 극복하고, 땅바닥을 쓸듯 포복하며, 신호에 맞춰 진이 빠지도록 약진을 반복한 후 목표를 점령합니다. 이

때는 성취의 기쁨과 보람도 있지만, 팔꿈치와 무릎에 수많은 상처가 남습니다.

군 생활은 각개 전투입니다. 대한민국의 남성 대부분이 예상은 하고 있지만 실제로 받아 보면 복잡한 심경을 드러내게 하는 것이 '입영 통지서'입니다. 이는 사랑하는 이들과 익숙하고 친숙한 삶으로부터 그들을 강제적으로 분리시킵니다. 훈련소 입소 후에는 부모가 잡아 주던 인생 자전거 운전대를 스스로 잡아야 하고, 발끝이 잘 닿지도 않는 페달을 스스로 밟아야 합니다. 누군가 흘려 주던 눈물과 땀들은 고스란히 자신의 몫으로 돌아와 남모르는 눈물을 흘리고, 폭포수 같은 땀방울을 흩뿌리며, 상처에 흐르는 피를 훔치며 살아 내야 합니다.

상명하복 위계질서의 조직 문화, 사랑하는 이들과의 이별, 낯선 사람들과의 만남, 이전의 나를 무색하게 만들 정도로 생소한 임무라는 '장애물'과 조우합니다. '장애물 극복'을 위해 바짝 엎드려 낮은 포복을 하고, '이 또한 지나가리라'를 수없이 외치며 언제 터질지 모를 지뢰와 적을 경계하는 가운데 전술 보행을 합니다. 공동체 생활을 하며 '다름'과 '틀림'의 긴장 속에 '갈등'이라는 포탄을 피하기 위해 우회 통과, 일단 정지, 일제 약진을 반복합니다. 누가 대신해 줄 수 없기에 부여된 임무를 완수하기 위해 무수한 땀을 흘리며 전투 기술을 습득합니다. 이러한 과정 속에 수많은 시행착오를 겪으며 몸과 마음에 상처가 '훈장'처럼 남습니다. 그 '훈장'은 어느덧 평생의 '자랑' 혹은 '나만의 이야기'

가 됩니다.

인생은 각개 전투입니다. 성년의 날이 되면 눈에 보이는 선물과 눈에 보이지 않는 선물을 받습니다. 먼저, 눈에 보이는 선물은 '장미', '향수', '키스'입니다. 여기서 '장미'의 꽃말은 열정으로, 성인이 된 젊은이에게 무한한 사랑과 열정이 계속되기를 바라는 의미입니다. '향수'는 다른 사람에게 자신의 향기를 풍기는 좋은 사람이 되라는 기대입니다. '키스'는 책임감 있는 사랑을 하라는 조언입니다. 다음으로, 눈에 보이지 않는 선물은 인생의 오너드라이버가 되라는 '운전대', 매사를 선택하고 책임지며 성장하라는 '견장', 부모로부터 독립(獨立)하라는 '명령지'입니다.

인생의 운전대를 잡는 것은 두렵고 떨리는 일입니다. '안정된 삶'으로 우회전할지, '꿈꿔 왔던 삶'으로 좌회전할지 스스로 선택해야 합니다. 학업, 취업, 결혼이라는 갈림길에 홀로 서야 합니다. 그렇지 않으면 사람들이 '선망'하는 학과에 진학할 수는 있어도, 잠재된 미련을 가지고 타인에 대한 '원망'과 평생 씨름해야 합니다. 아무런 목표 없이 직장 생활과 공무원 시험을 반복하며 살기도 하고, 부모가 원하는 결혼으로 금전적으로는 풍족하나 정신적 고통을 안고 살아가기도 합니다. 후회 없는 자신만의 삶은 누가 살아 주는 것이 아니라, 내가 살 때 이룰 수 있습니다.

《나폴레온 힐 성공의 법칙》(중앙경제평론사 역간)의 저자인 나폴레온 힐(Napoleon Hill)은 "인생에서 실패하는 가장 큰 이유는 친구, 가족, 이웃들의 말을 듣기 때문이다"라고 합니다. 즉, 인생의 운전대를 타인에게 맡기는 것은 실패이고, 자신이 감당하는 것이 성공이라는 의미입니다. 시인 김용택은 "삶은 너에게 해답을 가져다줄 것이다"라고 조언합니다. 스스로 인생 운전대를 잡은 채 수많은 방지 턱을 넘고, 때로는 시행착오로 교통 위반 범칙금을 내면서 억울함과 후회를 삭이며 불안과 긴장 속에 비포장길과 포장길을 운행하다 보면 어느덧 베스트 드라이버가 된 자신을 마주합니다.

각개 전투는 선택이 아닌 필수입니다. 이는 '회피'의 대상이 아닌 '직면'의 대상이며, '나중'이 아닌 바로 '지금' 해야 하는 일입니다. '저를 믿어 주세요', '제 힘으로 하겠습니다' 하는 믿음과 용기를 가지고 각개 전투를 시도해 보면 어떨까요? '100미터 직진, 성공! 바로 넘어짐, 실패!'처럼 시행착오, 고민, 변화라는 성장통(成長痛)을 통과해 군 생활의 전사(戰士), 인생의 베스트 드라이버로 인증 받을 날을 기대해 봅니다. 그와 함께 어른이 되며 점점 잊어버리게 되는 아들의 한마디를 가슴에 새겨 봅니다.

"이번에는 제가 운전해 보고 싶어요."

1. 지금 각개 전투를 하듯 홀로서기를 위해 직면해야 하는 것은 무엇입니까?

2. 스스로 인생 운전대를 잡고 드라이브를 한 성공과 실패의 경험은 무엇이
    며, 이를 통해 배운 점은 무엇입니까?

2부 ——————— 일병

배울 인(認)을
배우다

이런 장맛비는 없었으면 좋겠다

태풍이 지나며 장맛비가 내렸습니다. 생각보다 기간이 짧았지만 이곳저곳에서 피해를 입었습니다. SNS에는 '하늘이 열렸나 보다'라는 내용의 글들이 올라왔습니다. 오랜만에 휴가를 나간 한 형제는 휴가 출발 전까지 세워 놓았던 계획이 틀어지는 변(?)을 당했습니다. 또한 갑작스런 폭우로 인해 이곳저곳이 유실되고, 전화를 포함한 통신 선로가 먹통이 되어 버렸습니다.

각종 언론 매체는 '장맛비 물 폭탄, 곳곳이 와르르'라는 안타까운 소식을 전했습니다. 개인적으로 빡빡한 스케줄이 있고 해야 할 일이 많았는데, 비로 인해 할 수 없게 되었습니다. 비가 오지 않을 때는 "비가 한번 시원하게 내려야 하는데…"라고 했는데, 막상 하늘이 열린 듯이 비가 억수같이 내리니 불편하고 원망스럽습니다. 그래서 말합니다. "이런 장맛비는 없었으면 좋겠다."

장맛비 같은 일이 있습니다. 고심해서 세워 놓은 계획을 틀어지게 하고, 예상치 못한 피해를 입게 하고, 빗속에서 작업을 해야 하는 불편함을 감수하게 하고, 하고 싶은 일과 해야 하는 일을 하지 못하게 하는 것입니다. 어느 날 날아온 영장, 겁을 먹게 하는 유격 훈련, 갑작스럽게 날아든 병고(病告), 치열한 경쟁 속의 실패, 꿈의 좌절 그리고 사랑하는 사람과의 이별이 그렇습니다. 그래서 입말을 쉽게 내뱉습니다. "이런 장맛비는 없었으면 좋겠다."

과연 장맛비는 없어져야 좋은 것일까요? 혹자는 말합니다.

"항상 날씨가 좋으면 곧 사막이 되어 버린다."

또 다른 이는 말합니다.

"소나기가 내려야 무지개가 뜬다."

그리고 성경은 말합니다.

"환난은 인내를, 인내는 연단을, 연단은 소망을 이루는 줄 앎이로다"(롬 5:3-4).

"너의 마음이 상할 때 하나님이 거기 계시고, 네가 낙심할 때 그분이 도우셔서 숨 쉬게 하리라"(시 34:18, 메시지).

환난은 소망의 발판이 되고, 상한 마음은 소중한 존재를 만나는 통로가 됩니다. 어쩌면 오늘 내리는 장맛비는 감추어진 사랑일 수 있습니다.

다시 장맛비를 생각합니다. 장맛비가 내리고 물길이 굽이쳐 흐릅니다. 식물들이 여름이 왔음을 증명하듯이 푸른빛을 내뿜습니다. 장맛비가 내리는 모습을 보고 서로를 걱정하며 "조심하세요!" 하고 사랑의 말을 합니다. 물이 너무 많이 불어 위험하니 조심하라고 가족들이 전화를 합니다. 가족들의 마음 씀씀이에 따뜻해집니다. 바쁜 일정을 소화하느라 지쳐 있던 몸과 마음이 '멈춤'으로 안식과 여유를 가집니다.

끊어진 통신을 개통하느라 수고하는 통신대대 용사들에 대한 마음이 남달라집니다. 군 생활을 하는 용사들에 대한 기도가 더욱 깊어져만 갑니다. 장맛비 이후 부대 옆에 뜬 무지개를 보며 사진을 찍는 동안 큰 위로와 기쁨을 얻습니다. 장맛비로 인해 그동안 잊고 있던 소중한 것들을 상기하고 오늘의 삶을 재해석해 봅니다.

오늘 어떤 '장맛비'를 맞고 있습니까? 척 스윈돌(Chuck Swindoll)은 《Strengthening Your Grip》(더 단단히 붙잡으라)이라는 책에서 "더 오래 살면 살수록 인생이란 우리에게 일어나는 일은 10퍼센트 정도밖에 안 되고, 그 일에 대해 우리가 어떻게 반응하는지가 90퍼센트를 차지한다는 것을 더욱 확신하게 되었다"라고 말합니다. 다시 말해, 인생은 10퍼센트의 사건과 90퍼센트의 태도로 이루어진다는 것입니다. 장맛비가 주는 의미를 재해석할 수는 없을까요? 적극적인 반응으로 '인생 사전'을 들춰 보고, 소중한 이들과의 사랑 이야기를 써 가는 군 생활을 응원합니다.

1. 오늘 당신은 어떤 '장맛비'를 맞고 있습니까? 그리고 그 '장맛비'에 대해 어떻게 반응하고 있습니까?

2. 당신의 '인생 사전'에서 고난을 통해 배우거나 얻게 된 유익 세 가지를 꼽아 본다면 무엇이 있습니까?

나만의 오답 노트 쓰기

늦은 밤, 딸아이가 오답 노트를 작성하고 있었습니다. '수학 잘
하게 해 주세요'라는 새해 기도 제목을 적고 수학 공부를 제법
열심히, 꾸준하게 해 오는 중이었습니다. 시쳇말로 아이 교육의
3대 필수 요소는 할아버지의 재력, 엄마의 정보력, 아빠의 무관
심이라고 합니다. 그렇지만 아빠인 저는 아이가 늦은 밤까지 힘
들어하는 모습이 안쓰러워 무관심할 수 없었습니다. 그래서 한마
디 건넵니다.

"지민아, 힘들지? 오늘은 그만 하고 자. 못 한 것은 내일 해."

그런데 딸아이가 단호하게 말합니다.

"아니야! 오늘 해야 해."

그러고는 틀린 문제들을 한 자, 한 자 적어 가며 오답 노트를
작성하고 문제를 다시 풉니다. 조금 있다가는 약간의 짜증과 자
신의 생각보다 많이 틀린 문제에 대한 자책 그리고 원망으로 한
숨을 쉽니다. 그 모습을 모른 체할 수 없어 저도 소파에서 책을
보며 기다립니다. 안쓰러움과 대견함이 교차되는 순간입니다.

겨우 해야 할 일을 마친 딸아이가 제 품에 안깁니다.

"아빠, 왜 나는 수학을 못할까?"

아빠인 저는 말합니다.

"지민아, 누구나 어려운 것이 있어. 하지만 이렇게 꾸준히 하다 보면 잘할 수 있어!"

"정말?"

그러고는 곤하게 잠이 듭니다. 틀린 문제는 정답을 확인한 후 알았다 치고 넘어갈 수도 있기에, 틀린 문제의 한 자도 놓치지 않고 오답 노트를 작성하는 것은 힘든 일임에 분명합니다.

오답 노트는 간단히 말해 문제집을 풀거나 시험을 보고 나서 틀린 문제들을 정리해 놓는 노트입니다. 이렇게 별도로 틀린 문제를 관리하는 것은, '한 번 틀린 문제는 반복해서 틀리는 경향이 있다'는 점 때문입니다. 아울러 틀린 문제를 정리하는 동안 다시 한 번 자신의 약점을 파악하고, 다음에 문제집을 풀거나 시험을 볼 때 다시 같은 문제나 비슷한 유형의 문제를 틀리지 않도록 하는 데 그 목적이 있습니다.

하지만 이 오답 노트를 작성하는 것은 시간도 많이 필요하고, 힘도 들고, 빨리 진도를 빼고 싶은 조급함에 걸림돌이 되기도 합니다. 그래서 오답 노트를 쓰기보다 새로운 문제집을 사서 풀고 싶은 마음이 굴뚝같을 때가 많습니다. 뿐만 아니라 오답 노트 쓰기의 중요한 점 하나는 자신만의 오답 노트를 써야 한다는 것입니다. 아무리 훌륭한 오답 노트가 있어도 자신의 것이 아니면 효용성이 떨어진다고 전문가들은 말합니다.

오답 노트를 쓰고 있는 딸을 보며 잠시 생각해 봅니다. 이 오답 노트 쓰기는 학생들만 해야 하는 것일까요? 그렇지 않습니다. 부대 훈련을 할 때는 사후 강평과 후속 조치를 합니다. 사람들과 관계할 때는 같은 실수를 반복하지 않기 위해서 신경을 씁니다. 뿐만 아니라 인생이라는 시험 문제를 푸는 동안에는 끊임없는 시행착오를 겪을 수밖에 없기 때문에 각자의 오답 노트를 작성해 갑니다. 쉽지 않습니다. 때로 문제지 한바닥에 모두 틀렸다는 표시를 할 수밖에 없어 소나기가 내릴 때면 좌절이 됩니다. 언제 오답 노트를 다 작성할까를 생각하면 막막하기도 합니다. 하지만 이는 반드시 해야만 하는 일입니다. 하고 싶은 일은 아닌데 해야 하는 일입니다. 그래도 아직 오답 노트를 쓸 수 있는 시간과 기회가 있다면 소망이 있습니다.

신앙생활도 마찬가지입니다. 보이는 사람 앞에서는 그렇게 철저하게 잘하려고 노력하면서 보이지 않는 하나님께는 소홀할 때가 많이 있습니다. 그래서 '정답'이 아닌 '오답'을 자꾸 써 가는 자신을 보게 됩니다.

우리가 써야 할 오답 노트는 무엇일까요? 복음은, '하나님께서는 딸의 힘겨워하는 모습을 보고 함께 기다려 주는 아비처럼, 당신의 자녀가 오답 노트를 쓰며 정답에 가까워 가는 모습을 기다려 주신다'는 것입니다.

연금술사의 질문

1. 요즘 인생이라는 시험지에 정답을 쓰고 있습니까, 아니면 오답을 쓰고 있습니까? 그렇게 생각하는 이유는 무엇입니까?

2. 임무 수행, 연애, 공부, 취업, 신앙생활, 인간관계 등을 떠올렸을 때 오답 노트를 작성해야 할 분야는 무엇이며, 오답 노트 작성을 통해 기대하는 것은 무엇입니까?

잘 사는 사람은 우산을 두고 다니지 않는다

비가 내렸습니다. 비가 오는 날이면 교회 현관 입구에 눈에 띄는 것이 있습니다. 수북이 모아져 있는 우산입니다. 비 오던 날 교회에 우산을 들고 왔다가, 돌아갈 때 비가 오지 않으니 두고 간 것입니다. 그렇게 우산은 수개월 동안 그 자리를 지켰습니다. 우산의 주인들은 우산 없이 비를 맞고 왔다가 자신의 우산을 발견하고 당황해합니다. '이게 여기 있었다니…' 생각하며 잠시 어리석은 자신을 자책합니다.

비가 올 때는 우산이 몹시 아쉽다가, 비가 그치면 이내 잊어버리고 맙니다. 그리고 한동안 없어도 불편함 없이 살아갑니다. 하지만 다시 비가 올 때는 비를 맞거나, 신문지를 덮어쓰는 부끄러움을 감수하거나, 비용을 들여 새 우산을 삽니다. 이를 보며 문득 이런 생각이 들었습니다.

'우산은 비가 오는 날 내 몸이 젖지 않도록 해 주는데, 내 삶에 우산의 역할을 하는 것이 있지 않을까? 나는 그 우산들을 어떻게 사용하고 있을까?'

첫째, 우산은 사랑해야 하는 것들입니다. '어른들을 위한 동화'로 알려진 안도현 작가는 사람이 살면서 영어 단어 'Love'(사랑하다)와 'Use'(사용하다)를 잘 써야 한다고 제안합니다. 즉 사랑해야 할 것은 사랑하고, 사용해야 할 것은 사용해야 한다는 의미입니다. 그렇지만 보통 사람들은 사랑해야 할 것은 사용하고, 사용해야 할 것은 사랑합니다. 예를 들면, 돈, 명예, 권력, 게임은 사용해야 하는데 이를 사랑하고, 가족이나 친구와 같은 사람은 사랑해야 하는데 앞서 언급한 것들을 위해 사용하며 상처와 아픔을 주는 것입니다. 왜 그럴까요? 사랑의 대상은 급하지 않습니다. 늘 곁에 있을 것 같습니다. 그러다 보니 소홀하게 됩니다. 하지만 사용의 대상은 급합니다. 일이 있을 때마다, 필요가 있을 때마다 찾습니다. 그러다 보니 두 대상의 주객이 전도됩니다.

우리는 이렇게 한참을 잊고 있다가 삶의 소낙비를 맞을 때 사랑의 대상을 찾습니다. 한 예로, 입대 후 낯선 환경에 적응하는 것이 쉽지 않음을 깨달으며 늘 곁에 있어서 잊고 있던 어머니의 사랑을 찾습니다. 그런데 그 어머니가 큰 우산이 되어 힘든 군 생활을 버텨 낼 힘이 됩니다. 또 몸과 마음이 피곤하고 힘이 드니, 수많은 사람 속에서도 외로움이 사무치니 신앙을 찾습니다. 그런데 그 신앙이 인생의 위기를 극복할 큰 우산이 되어 줍니다.

둘째, 우산은 긴급하지 않지만 중요한 것들입니다. 《성공하는 사람들의 7가지 습관》(김영사 역간)의 저자인 스티븐 코비(Stephen Covey)는 《소중한 것을 먼저 하라》(김영사 역간)에서 시간 관리를 위한 스케줄을 짤 때 네 가지로 활동과 일을 분류할 수 있다고 합니다. '긴급성'과 '중요성'을 기준으로 매트릭스를 짜는 것입니다. '긴급하고 중요한 일', '긴급하지 않지만 중요한 일', '긴급하지만 중요하지 않은 일', '긴급하지도 중요하지도 않은 일'을 놓고 일의 경중을 따지라고 조언합니다.

긴급한 일은 즉시 행동해야 하기 때문에 지금 당장 해야 하는 일입니다. 예를 들어, 전화벨이 울리거나 업무 관련 메시지가 오면 사람들은 그것을 그냥 내버려 두지 못하고 즉시 반응합니다. 긴급한 일은 보통 눈에 보이기 때문입니다. 그래서 전화벨이 울리거나 사람이 찾아오는 것은 바로 반응해야 할 것 같은 압박감을 줍니다. 하지만 이런 종류의 긴급한 일은 대개 중요하지 않습니다. 그런데 우리 대부분은 그런 일에 너무 많은 시간을 쏟는다고 합니다.

사람들은 긴급하거나 중요하면 그 일을 해야 한다고 생각하고, 해냅니다. 다만 긴급하지 않지만 중요한 일은 시급성도 떨어지고 눈에 보이지도 않기 때문에 소홀히 합니다. 하지만 인생의 성패는 눈에 보이지 않는 성실한 습관, 인간관계, 꾸준히 모아 놓은 저축, 오랫동안 쌓아 온 신뢰 등과 같이 긴급하지 않지만 중요한 것들을 통해 결정이 납니다. 이는 어려움을 만날 때, 중요한 선택의 기로에 서 있을 때 큰 우산이 되어 줍니다.

'우산이 없어 허둥지둥 대는 삶을 살 것인가, 우산을 씌워 주는 삶을 살 것인가? 어느 사람이 잘 사는 사람일까?'라는 질문에 나름의 결론을 내려 봅니다.

'잘 사는 사람은 우산을 두고 다니지 않는다.'

군 생활은 잘 살기 위해 나의 우산이 무엇이며, 우산을 어떻게 사용할 것인가에 대한 답을 위해 잠시 멈춰 생각하는 시간입니다.

연금술사의 질문

1. 당신에게 있어 '우산'처럼 비가 올 때만 찾고, 비가 그치면 잊어버리는 것은 무엇입니까?

2. 함께하는 이들을 사랑하고 있습니까, 아니면 사용만 하고 있습니까? 잘 사는 사람이 되기 위해 실천해야 하는 긴급하지 않지만 중요한 일에는 어떤 것이 있습니까?

몰랐습니다

《문학은 어떻게 신앙을 더 깊게 만드는가》(예책)의 저자인 이정일 목사는 무채색과 같은 삶에 색깔을 입히는 것을 '공감'이라고 말합니다. 그리고 공감력을 가지고 자기와 타인의 삶을 성찰하는 것을 '성숙'이라고 말하며, 예수를 잘 믿는 것은 성경에 밑줄을 긋는 것이 아닌 삶에 밑줄을 긋는 것임을 강조합니다.

어떻게 해야 제대로 밑줄을 그을 수 있을까요? 군 생활을 하는 형제들을 생각하며 성경을 읽다 보니 밑줄을 긋게 만드는 인물이 있습니다. 바로 요셉입니다. 용사들은 '장래에 무슨 일을 할지, 어느 부대에 배치 받을지, 어떤 임무를 수행하게 될지' 늘 모르는 것투성이입니다. 그리고 자신의 선택보다는 명령에 의해 움직일 때가 많습니다. 그냥 주어지는 일의 연속이고, 그 일이 왜 주어지는지 모를 때가 참 많습니다. 그때 요셉이라는 인물은 자신의 인생 이야기를 이렇게 고백합니다.

"몰랐습니다!"

몰랐습니다. 어머니 라헬이 너무나 사랑스러운 동생 베냐민을 낳다가 왜 일찍 돌아가셔야 했는지를. 몰랐습니다. 아버지 야곱이 채색 옷을 입혀 주며 나를 많이 사랑해 주는 것이 형제들에게 어떤 상처를 주었는지를. 몰랐습니다. 어느 날 밤 꾸었던 '형제들의 곡식 단이 내 단 앞에서 절을 하고, 하늘의 해와 달과 열한 별이 내게 절하는 꿈'의 의미를. 몰랐습니다. 왜 형제들이 나를 왕따시키고 죽이려 했는지를. 몰랐습니다. 내가 왜 사랑하는 아버지, 동생과 떨어져서 애굽이라는 나라의 노예가 되어야 했는지를.

그래도 마음을 추슬러 보았습니다. 나에게 꿈을 주신 하나님을 바라보았습니다. 사람들이 말하는 것처럼 코람데오(Coram Deo), 하나님 앞에서, 신전의식(神前意識)을 가지고 살려고 노력했습니다. 하나님 앞에서는 충성되게, 사람들 앞에서는 성실하게 살았습니다. 그러다 보니 나의 주인 보디발이 나를 알아주었습니다. 그곳에서 인정도 받았습니다.

그러던 어느 날, 나의 주인 보디발의 아내가 나를 불렀습니다. 그녀가 나를 유혹하는 것입니다. "지금 아무도 보는 사람이 없잖아. 내가 너의 뒤를 든든하게 봐줄게" 하는 그 유혹을 단호히 떨쳐 내며 말했습니다. "내가 어찌 이 큰 악을 행하여 하나님께 죄를 지으리이까"(창 39:9). 그런데 몰랐습니다. 그 결과가 감옥에 가야 하는 화를 부르게 된다는 것을. 몰랐습니다. 나를 그토록 신뢰하고 믿어 주었던 주인이 나의 이야기를 들어 보지도 않고 나를 버릴 수 있다는 것을.

참 억울하고 비통했습니다. 그렇지만 내가 버틸 수 있었던 것은 신실하신 하나님이 나와 함께하신다는 사실 때문이었습니다. 그분의 손을 놓고 싶지 않았습니다. 놓을 수도 없었습니다. 이런 일이 반복될수록 그분의 손을 더욱 꽉 붙잡았습니다. 그분의 손을 붙잡지 않았다면 억울함을, 좌절을, 비통함을 붙잡고 살았을 것입니다. 감옥에서 성실하게 살았습니다. 나로 인해 이곳이 더 좋아지길 바랐습니다. 그러자 간수장이 나를 인정하고 신뢰해 주었습니다.

과거에 잘나가다 정치범으로 온 다른 죄수들과도 교제하게 되었습니다. 그들과 이야기할 때면 인생의 단맛과 쓴맛을 다 보는 듯했습니다. '잘나가는 이들도 한순간에 나처럼 될 수 있구나.' 어느 날, 내가 꿈을 해석해 준 한 분이 복직을 하게 되었습니다. 그래서 나를 좀 기억해 달라고, 억울한 사연을 풀어 달라고 했습니다. 그러자 그분은 선뜻 그러하겠노라고 약속했습니다. 그래서 그분을 믿어 보기로 했습니다. 하나님이 내게 감옥에서 나갈 기회를 주시는구나, 내 기도를 들어주시는구나 생각했습니다.

그런데 몰랐습니다. 사람들이 그렇게 나를 잊어버릴 수 있다는 사실을. 그분을 기다리는 동안 어언 2년이 지났습니다. 나는 그렇게 잊혀진 사람이 되었습니다. 그러던 어느 날, 애굽의 왕 바로가 꿈을 꾸었다고 합니다. 그래서 나는 그 자리로 불려 나갔습니다. 그리고 하나님이 말씀해 주신 대로 꿈을 해석해 주었습니다. 그러자 왕은 나를 총리로 임명했습니다. 그런데 몰랐습니다. 나에게 총리직을 수행할 수 있는 힘이 있는지를. 나도 모르는 사이에 보디발 장군의 집에서 가정 총무 일을 하며 경제와 경영하는 법을, 정치범들이 수용되었던 감옥에서 정치를 배웠던 것입니다. 이제 알았습니다. 모든 것이 멈춰 버린 듯한 그 순간에도 하나님은 우리를 위해 일하시고, 준비시키신다는 사실을.

나는 보았습니다. 20여 년 전 하나님이 보여 주신 꿈속 광경을 말입니다. 내 눈앞에 낯익은 얼굴들이 나타나 무릎을 꿇고 절을 하고 있습니다. 바로 나를 애굽에 팔아넘긴 형들입니다. 이제 알았습니다. 하나님이 나를 세우신 목적은 가정을 화해하게 하고, 당신의 백성 이스라엘과 그 후손을 구출하기 위해서라는 것을. 이 순간을 위해 그토록 오래전부터 준비하고, 계획하고, 끝까지 이끌어 오셨다는 것을. 그래서 나는 고백했습니다. "당신들이 나를 이곳에 팔았다고 해서 근심하지 마소서 한탄하지 마소서 하나님이 생명을 구원하시려고 나를 당신들보다 먼저 보내셨나이다"(창 45:5).

언어는 그 삶과 연결될 때 울림이 있습니다. 요셉의 이야기는 용사들에게 큰 울림을 줍니다. 많은 계획이 틀어지고 이제는 계획조차 할 수 없을 때, 참 모르겠습니다. 언제쯤 이 일이 다 해결될까? 그것도 모르겠습니다. 다만 요셉의 삶이 주는 울림에 반응하며 '몰랐습니다'와 '알았습니다'를 살아가는 여정 중에 있음을 짐작해 봅니다. 그리고 하루하루 살아갑니다. 다만 아무리 힘들어도 초심(初心)과 중심(中心)을 잃지 않고 하루를 살아 내기 위해 씨름합니다. 그러면서 바랍니다. 흑백 사진과 같은 삶에 컬러를 입혀 주며 함께하는 이들과 생동감 있는 삶을 살아 내고 싶다고 말입니다. '하나님이 먼저 보내셨나이다' 하는 고통 가운데 끄집어낸 요셉의 신학적 고백을 하게 될 날을 기대합니다. '몰랐습니다'가 아닌 '알았습니다'라는 고백으로 말입니다.

연금술사의 질문

1. '요셉'이라는 인물의 이야기에서 공감되는 점은 무엇이며, 그 이유는 무엇입니까?

2. '몰랐습니다'가 '알았습니다'로 바뀐 경험이 있습니까? 그 경험이 당신에게 주는 의미는 무엇입니까?

인생 노트 고쳐 쓰기

2010년, 사우스캐롤라이나에 위치한 포트잭슨의 채플린스쿨에서 열린 미 군종 고군반(OAC, Officer Advanced Course) 과정에 입교해 서른여덟 명의 미 군종장교와 함께 교육을 받았습니다. 외국인 교육생이었던 저는 소논문과 연구 과제를 제출해야 할 때마다 저의 짝이었던 션 필립스 목사님께 점검을 받았습니다.

한번은 한국식 영어 표현으로 'Problem'(문제)이라 표기한 것을 션 목사님이 'Challenge'(도전)로 수정해 주었습니다. 'Challenge'는 보통 과업 수행에 있어 제한점, 어려움, 장애물 등을 의미하는데, 저는 습관적으로 '문제'라고 쓰고 있었고, 션 목사님은 그것을 '도전'으로 고쳐 준 것입니다.

이 일은 제게 귀중한 교훈을 주었습니다. '문제'나 '도전'이나 다 같은 의미가 아니겠느냐고 할 수도 있습니다. 하지만 같은 내용을 어떻게 표현하느냐에 따라서 반응과 결과가 달라질 수 있습니다. 'Problem'의 사전적 의미는 "다루거나 이해하기 힘든 문제", "시험 등의 문제"(옥스퍼드 영한사전)입니다. 반면 'Challenge'는

"(사람의 능력, 기술을 시험하는) 도전[시험대]", "(경쟁, 시합 등을 제기하는) 도전", "(무엇의 적법성 등에 의문을 제기하는) 도전[저항]"(옥스퍼드 영한사전)입니다. 같은 내용을 두고 전자는 부정적인 어려움으로, 후자는 긍정적인 변화를 위한 과제로 이해됩니다.

영국의 비평가이자 역사가였던 토머스 칼라일(Thomas Carlyle)은 이와 관련된 내용을 다음과 같이 표현했습니다.

길을 가다가 돌이 나타나면 약자는 그것을 걸림돌이라 하고, 강자는 디딤돌이라고 한다.

같은 돌을 보고도 한 사람은 걸림돌이 되고, 다른 한 사람은 디딤돌이 된다고 합니다. 이는 환경의 변화와 관련된 것이 아니라, 이를 해석하는 내면, 생각, 마음가짐과 관련된 것입니다.

발명왕 토머스 에디슨(Thomas Alva Edison)은 청력 장애를 가졌습니다. 하지만 그는 장애만 바라보지 않고 가능성을 바라보았습니다. 그래서 그는 자서전을 통해 "나는 귀머거리이기 때문에 사람들의 부정적인 이야기를 듣지 않고, 내 속에서 들려오는 믿음의 소리를 들을 수 있어서 좋다"고 말합니다.

세계 최고의 육상 선수인 우사인 볼트(Usain St. Leo Bolt)는 '척추 옆굽음증'(척추 측만증)을 앓았다고 합니다. 이는 척추가 옆으로 심하게 굽은 증상으로, 달리면 어깨와 골반이 흔들려 근육에 염증이 생긴다고 합니다. 그는 고교 시절 넓적다리 통증으로 육상을 중도 포기한 적도 있었다고 합니다. 그러나 글렌 밀스(Glen Mills) 코치를 만나 새로운 목표를 세운 그는 독일로 가서 부상을 방지하는 재활 치료를 받았습니다. 그 결과 어깨와 골반이 더 크게 움직이는, 어느 누구도 따라할 수 없는 자신만의 스타트 법을 개발해 결국에는 금메달의 주인공이 되었습니다.

두 사람이 가졌던 장애와 질병은 '문제'였지만, 두 사람이 이해한 것은 '도전'이었습니다. 그리고 그들이 가졌던 장애와 질병은 '걸림돌'임에 분명했지만, 제삼자인 우리가 볼 때 그것은 힘겨움의 이유가 될지는 몰라도, 그것은 그들의 삶에 있어 '디딤돌'이었다는 것을 부인할 수 없습니다. 마이크로소프트의 창업자인 빌 게이츠(Bill Gates)는 《빌 게이츠 @ 생각의 속도》(청림출판 역간)라는 책에서 '세상의 변화'(Change)는 '큰 도전'(Challenge)이지만, 이는 다른 편에서 볼 때 생각지도 못한 '기회'(Chance)가 된다고 강조합니다.

몇 해 전, 제주도에 예멘 난민 500명이 유입되어 큰 이슈가 된 적이 있습니다. 대한민국 역사상 처음으로 대규모의 난민이 유입된 것입니다. 이는 이상과 현실 사이에서 풀기 어려운 문제입니다. 신학자 라인홀드 니버(Reinhold Niebuhr)가 그의 저서 《도덕적 인간과 비도덕적 사회》(문예출판사 역간)에서 제기한 주제를 깊이 고민하게 만들었습니다. 그럼에도 이 일은 우리가 추구하는 그리스도의 사랑을 실천하는 일과 현재 사회의 시스템 및 포용 능력의 수준을 측정하고 성숙하게 하는 '도전'임에는 분명했습니다.

성경을 보면 가나의 혼인 잔치에서 포도주가 떨어졌을 때 '물이 변하여 포도주가 되는 기적'이 나타났습니다. 무리에게 먹을 것이 없을 때 '오천 명이 먹고도 열두 광주리가 남은 오병이어의 기적'이 있었습니다. 또한 유대인 베드로에게 그의 정체성을 위협하는 보자기 환상이 있었기에 이방 선교의 문이 열렸습니다.

어쩌면 우리에게 필요한 것은 '인생 노트 고쳐 쓰기'가 아닌가 생각해 봅니다. '문제'를 '도전'으로 고쳐 쓰는 것입니다. 그리고 역사학자 아놀드 토인비(Arnold Joseph Toynbee)가 《역사의 연구》(동서문화사 역간)에서 말한 것처럼, '도전'에 '응전'하는 역사를 써 가는 것입니다.

연금술사의 질문

1. 오늘 씨름하고 있는 'Problem'은 무엇입니까? 이를 'Challenge'로 고쳐 쓴다면 어떤 변화가 있을 것이라 생각합니까?

2. '문제'를 '도전'으로 고쳐 쓸 수 있게 도와주는 사람이 있다면 누구이며, 그 사람의 어떤 행동이 도움이 되었습니까?

물들다

언제 여름이 가고 가을이 오나 했는데 계절은 성큼 다가왔습니다. 부대 주변의 산들이 울긋불긋 단풍으로 물들어 갑니다. 부대 가로수 길은 낙엽과 단풍으로 한 폭의 그림 같은 모습을 연출합니다. 아름답게 물들어 가는 자연을 바라보며 '물들다'에 대해 생각해 봅니다.

'물들다'는 사전적으로 두 가지 의미를 가지고 있습니다. 첫 번째 의미는, "빛깔이 스미거나 옮아서 묻다"(표준국어대사전)입니다. 가을 하늘 아래 우거진 나무의 잎사귀들은 저마다 빛을 담아냅니다. 각기 빛을 담아낸 모습은 다채롭습니다. 노란빛, 붉은빛, 초록빛을 포함한 다양한 색깔로 물들어 가며 단풍의 절정을 이루어 냅니다. 마치 한 해의 클라이맥스(Climax)를 향해 마지막 힘을 내는 듯합니다.

이를 보며 잠시 생각에 잠깁니다. '나는 세상의 빛이라' 말씀하신 예수님을 중심으로 받아들여 물이 든 이들을 떠올려 봅니다. 바다에서 물고기를 낚으며 일상에 지쳐 있던 베드로는 그 빛을 담아내어 '사람을 낚는 어부'로 물들었습니다. 허망한 성공의 사다리에 오르다가 예수님을 찾아 돌무화과나무 위로 오른 삭개오는 그 빛을 담아내어 '움켜쥐어 자신을 증명하는 것이 아닌 나누어 주는 삶'으로 물들었습니다. 창녀로서 밑바닥 인생을 살아가던 마리아는 그 빛을 담아내어 '성녀'로 물들었습니다. 주님의 사랑하는 제자 요한은 그 빛을 담아내어 '사랑의 사도'로 물들었습니다.

'나는 그 빛을 담아내고 있는가?'

'나는 어떤 빛깔로 물들어 가고 있는가?'

'군목의 삶을 살아 내는 나의 빛깔은 함께하는 이들에게 어떤 의미가 되고 있는가?'

스스로에게 질문하며 높고 높은 가을 하늘을 바라본 채 생각에 잠깁니다.

두 번째 의미는, "어떤 환경이나 사상 따위를 닮아 가다"(표준국어대사전)입니다. 수요 예배를 드리는 시간에 합심 기도를 인도하는 군종병 형제의 목소리가 제 목소리와 닮았다는 이야기를 들었습니다. 담임목사와 군종병의 관계 속에서 목소리와 기도회 인도 스타일이 서로 영향을 주고받아 물들었나 봅니다. 부대에 갓 전입해 온 이등병은 선임들의 생활 모습을 보면서 이미 형성된 문화에 시나브로 스며들어 물이 듭니다. 부부는 생각, 태도, 취향, 가치관 등에 서로 영향을 주고받아 닮아 가며 물이 듭니다.

다만, '장미꽃에 둘러싸여 살면 장미꽃의 향기가 몸에 스며든다'는 말처럼 긍정적으로 닮아 가고 있는지, 아니면 '썩은 사과는 다른 성한 사과를 해친다'는 말처럼 부정적으로 닮아 가고 있는지가 관건입니다. '내 주먹 믿으며 살면 되지' 하다가 신실한 전우를 만나 하나님을 알게 되어 '기도하는 삶, 겸손한 삶, 신앙하는 삶'에 물이 들어 '나 주님의 기쁨 되기 원하네' 하며 살아갑니다. 때로는 내가 그토록 싫어하던 선임의 말, 어투 그리고 행동이 조금씩 스며들어 후임들에게 똑같이 행동하는 자신을 발견하며 '군 복무 마치면 변할 거야' 하고 스스로 합리화하기도 합니다. 적은 누룩이 온 덩이에 퍼지기도 하고, 1.3퍼밀의 염분이 대양에 짠맛을 내기도 합니다. 누구를 닮아 가느냐는 '지금 누구와 함께 하느냐, 누구를 가까이하느냐, 누구와 오랜 시간을 보내느냐'와 관계가 있습니다. 그래서 어른들이 그토록 좋은 사람 만나기를 원한다고 기도하셨나 봅니다.

산은 단풍으로 물들어 갑니다. 이 가을날 높은 하늘을 바라보며 하늘의 뜻을 생각해 봅니다.

'나는 생명의 빛을 담아내어 복된 삶으로 물들었는가?'

'나는 어떤 빛깔로 나타나고 있는가?'

'에이브러햄 링컨(Abraham Lincoln)은 40대가 되면 자신의 얼굴에 책임을 져야 한다고 했는데, 나는 무엇을 닮아 가고 있는가?'

그래서 오늘 거울 앞에 떨리는 마음으로 섭니다. 손발 부끄럽지 않게 이웃에게 내밀어 봅니다.

하나님의 사랑에 깊이 물들고 싶습니다. 비록 세상을 다 물들

이지는 못하더라도, 내 삶의 자리에서 바른 가치의 삶의 단풍이
절정을 이루어 곁에 있는 이들에게 감동을 주고 싶다는 소망을
품어 봅니다.

'물들다. 물들이고 싶다.'

연금술사의 질문

1. 요즘 가장 많은 영향을 받으며 물들고 있는 사람은 누구이며, 그 이유는
   무엇입니까?

2. 현실에 물들어 가는 자신에게 만족합니까, 아니면 불만족합니까? 어떻
   게 물들어 가는 삶이 되고 싶습니까?

산에 오르다

'북한산'은 조선 후기에 한강 이북에 있다고 해서 붙여진 이름입니다. 이전 부임지인 북한산 부대로 전입해 갈 때 아이들이 깜짝 놀라 남한도 아니고 왜 북한으로 가느냐고 물었었는데, 한자로 보면 그 의미가 다릅니다. 북한산은 '北漢山'이고, 북한은 '北韓'입니다. 또 잘 알려진 별칭으로는 '삼각산'이 있습니다. 삼각산은 백운대, 인수봉, 만경봉의 세 봉우리가 있어서 불리게 된 이름입니다. 옛날에는 주로 삼각산으로 불렸으나 일제 강점기 이후부터는 잘 쓰이지 않게 되었다고 합니다. 시인 심훈의 〈그날이 오면〉과 김상헌의 시조 〈가노라 삼각산아〉에 나오는 삼각산이 바로 이 산입니다(나무위키 참조).

휴무일을 맞아 북한산의 대표적인 봉우리, 백운대에 홀로 올랐습니다. 해발 837미터 정도밖에 되지 않는 높이인지라 컨디션을 크게 고려하지 않고 별 준비 없이 산행에 나섰습니다. 산에 오르는 동안 봄기운이 전해 오는 산의 소리도 듣고, 나의 내면의 소리도 듣겠다고 생각했습니다. 처음에는 그랬습니다. 참 좋았습니다. 그런데 가뿐하게 오를 것이라고 생각했던 산행은 만만치 않았습니다. 가파른 산길이 나오고, 돌계단이 끝없이 보였습니다. 많이 힘들었습니다. 하지만 정상까지 올랐고, 나만의 기억의 공간에 남길 수 있는 인증 샷을 찍었습니다.

등산을 하며 두 가지를 깊이 생각해 보게 되었습니다. 첫째, 산에 오를 때는 '올라가야 할 이유'보다 '내려가야 할 이유'가 더 많이 생각납니다. 북한산행이 처음이고 혼자 오르다 보니 힘이 들어서 쉴 때마다 포기하고 싶은 생각이 났습니다. 자꾸 시계를 보게 되고, 내려가서 해야 할 일이 생각났습니다. 또 몸이 너무 힘들어서 내일 새벽에 일어나지 못하면 어떡하나 하는 걱정, 백운대에 오르는 것은 나만 알고 있다는 합리화, 그 외에 여러 가지 포기할 이유가 떠올랐습니다.

오르는 것은 어려운 일이고, 내려가는 것은 쉬운 일이었습니다. 서울대 행정대학원장이었던 최종훈 교수의 인생 교훈, '갈까 말까 할 때는 가라, 살까 말까 할 때는 사지 마라, 말할까 말까 할 때는 말하지 마라, 줄까 말까 할 때는 줘라, 먹을까 말까 할 때는 먹지 마라'가 떠올라 의지적으로 '오를까 말까 할 때는 오르라'는 한마디를 덧붙이고서야 산에 오를 수 있었습니다. 이처럼 어떤 일을 하든지 '올라가야 할 이유'보다 '내려가야 할 이유'가 더 많이 생각납니다. 그래서 믿음은 지(知), 정(情), 의(意)라고 하나 봅니다. 지식적인 동의, 감정적인 경험이 있더라도 의지적인 결단이 없으면 이룰 수 없기 때문입니다.

둘째, 산 정상까지 오를 수 있는 이유는 '사람'입니다. 백운대에 오르는 동안 몇 번씩이나 포기하고 내려가고 싶을 때마다 저를 오르게 한 이들이 있습니다. 그들은 바로 간간이 제 옆을 지나 산행을 하던 사람들입니다. 학생부터 연세 많은 어르신까지 다양한 연령의 사람들이 산에 올랐습니다. 쉬고 있을 때 이들이 제게 찾아와서 "거의 다 왔어요. 조금만 더 힘내세요"라고 말하지도 않았고, 오이를 나누어 주며 "이것 먹고 힘내세요" 하지도 않았습니다. 그럼에도 함께 오르는 이가 있다는 사실이 올라갈 이유가 되어 주었습니다.

한 여학생이 숨을 고르며 올라가니 '힘을 내야지' 하며 발걸음을 뗍니다. 연세 많은 어르신이 올라가시니 젊은이로서 창피당하지 않으려고 또 한 걸음을 뗍니다. 몇 걸음을 더 가고 잠깐 쉬고, 또 묵묵히 몇 걸음을 떼니 어느덧 백운대 정상에 오르게 되었고, 오르지 못한 이들은 보지 못할 멋진 광경의 소유자가 되었습니다.

정상에서 큰 성과가 나지 않더라도, 잘하지 못하더라도 가야 할 길을 함께 가는 것이 큰 힘이 된다는 사실을 알게 되었습니다. 큰일을 하거나 강한 영향력을 발휘하지 못할지라도, 자신의 자리를 지키는 것만으로도 누군가에게는 삶의 이유가 되어 줄 수 있습니다.

오늘도 북한산에 오르듯 군 생활과 신앙생활이라는 산행을 합니다. 이때 올라가야 할 이유를 선택하고, 누군가에게 올라가야 할 이유가 되는 삶이기를 바라 봅니다. 그렇게 정상에서 만나는 날을 꿈꿉니다.

1. 산에 오르듯 올라가는 삶의 목표 세 가지는 무엇이며, 왜 그 목표를 이루고 싶습니까?

2. 목표 성취를 위해 올라갈 이유를 선택할 수 있도록 돕는 자원(사람, 책, 신앙 등)에는 어떤 것이 있습니까?

'줌 인'(Zoom in) VS. '줌 아웃'(Zoom out)

사진을 찍다 보면 카메라의 줌 기능을 활용할 때가 있습니다. 멀리 있는 대상을 가까이 찍으려고 할 때는 '줌 인' 기능을 사용하고, 전체적인 모습을 사진에 담고 싶을 때는 '줌 아웃' 기능을 사용합니다. 요즘은 두 손가락을 접었다 폈다 하면서 그 일을 다 해냅니다. 그런데 이 기능이 비단 카메라, 스마트폰에만 있는 것 같지는 않습니다.

살다 보면 원치 않는 고통과 아픔, 위기와 어려움, 능력 부족과 한계 등을 만납니다. 그때 우리 내면에서 렌즈가 작동합니다. 이 렌즈는 두 가지 기능을 가지고 있습니다. 첫 번째 기능은, 앞서 언급한 것들을 확대해서 크게 보는 '줌 인' 기능입니다. 문제와 위기를 당기고 당기니 해결 가능성이 전혀 없어 보입니다. 마치 칼로 종이를 자르다가 손을 베이면 온몸이 아파 오는 것처럼 아무것도 할 수 없을 것 같은 절망감, 사면초가에서 해결책을 찾을 수 없을 것 같은 답답함으로 자포자기하고 싶어집니다.

그렇게 고성능 '줌 인' 기능을 사용하게 되는 시기가 군 복무

기간입니다. 인간관계, 내무 생활, 고립감과 외로움 등에 대한 걱정, 새로운 일에 적응하는 것에 관한 두려움과 염려 등을 확대해서 보기 시작합니다. 그렇게 보니 문제는 너무나 크고, 나는 너무나 작게 여겨집니다. 절대로 감당할 수 없을 것 같아 마음이 무너지고, 몸도 망가지기 시작합니다.

그런데 같은 경험을 하면서도 모두가 '줌 인' 기능을 사용하는 것은 아닙니다. 렌즈의 두 번째 기능인 '줌 아웃' 기능을 사용하는 사람도 있습니다. 이는 원치 않는 일을 경험하거나 한계와 어려움에 직면하게 되었을지라도 그 일들을 먼 시선으로 보는 기능입니다. 당면한 문제와 위기, 부족함을 큰 그림으로 '줌 아웃'한 후 현재를 해석합니다. 그러면 그 문제와 위기의 크기는 상대적으로 작아집니다. 마치 비행기를 타고 아래를 바라보면 집이 성냥갑처럼 보이는 것과 같은 이치입니다. 당장 '할 수 없는 일'이라고 여겨졌던 것이 '해 볼 만한 일'로 보입니다. 나아가 멀리 보이는 삶의 목적과 꿈의 성취를 위해 '해야만 하는 일'로 해석됩니다.

그렇게 보다 보면 인생은 '퍼즐'이라는 사실을 발견하게 됩니다. 지금 경험하는 군 생활이라는 퍼즐 한 조각이 전부인 줄 알았는데, 전체 인생에서 반드시 감당해야 하는 여러 조각 중에 하나인 것을 깨닫게 됩니다. 잘하지 못해도 버티기만 하면 그림이 완성되는 것이기에 하나씩, 하루씩 견디게 됩니다. 버림받은 것 같고 망가질 것만 같던 군 생활도 성장과 변화의 기회가 될 수 있다는 것을 깨닫게 됩니다.

절벽 가까이로 나를 부르셔서 다가갔습니다. 절벽 끝에 더 가까이 오라고
하셔서 더 다가갔습니다. 그랬더니 절벽에 겨우 발을 붙이고 서 있는 나
를 절벽 아래로 밀어 버리는 것이었습니다. 물론 나는 그 절벽 아래로 떨
어졌습니다. 그런데 나는 그때까지 내가 날 수 있다는 것을 몰랐습니다.

로버트 슐러(Robert Schuller) 목사가, 독수리가 새끼를 훈련시키
는 과정을 비유해서 쓴 글입니다. 이 새끼 독수리 입장에서 생각
해 볼 때 절벽에서 밀어 버리는 장면만을 '줌 인'해서 확대해 본
다면 너무나 고통스럽습니다. 보호는 못 해 줄망정 절벽으로 밀
어 떨어뜨리다니요? 너무 견디기 힘들 것입니다. 그런데 그 상황
을 '줌 아웃'하면 새끼 독수리로 하여금 날 수 있게 하기 위해 훈
련시키는 큰 그림이 있음을 알게 됩니다.

중국 '알리바바'의 창업자인 마윈(Ma Yun)이 스탠퍼드대학교에
서 강연할 당시, 그는 자신의 성공 비결을 '돈과 기술과 계획'이
없었기 때문이라고 했습니다. 즉 자본금이 없었기에 돈으로 해결
할 수 있는 문제들을 아이디어와 노력으로 해결했고, 기술이 없
었기에 능력 있는 기술자를 존중하고 우대했으며, 또한 계획이
없었기에 변화하는 시장에 발 빠르게 대처하면서 적응해 나갈
수 있었다는 것입니다. '없음'이라는 것을 너무 '줌 인'해서 보지
않고 '줌 아웃'해서 다른 방책을 찾아간 것이 성공 요인이었다고

합니다.

고난의 행군과 같은 오늘을 살거나 광야와 같은 군 생활을 하는 당신은 어떤 기능을 주로 사용하고 있습니까? 매일매일 '줌 인' 렌즈를 사용해 한숨 쉬고 답답해하며 불평과 원망의 삶을 살고 있습니까, 아니면 '줌 아웃' 렌즈를 장착해 '오늘 일어나는 일들은 삶의 결론이 아니라 인생의 큰 그림 속에 이루어지는 과정이다'라고 여기며 오늘의 만남과 훈련을 묵묵히 감당하고 있습니까?

군 복무 기간은 무의미하거나 헛되게 버려지는 시간이 아니라 성장과 변화, 기도의 시간입니다. 너무 힘이 들 때는 눈을 감고 기도하며 마음의 눈에 '줌 아웃' 기능을 활성화시켜 스스로를 성찰할 수 있는 지혜를 가졌으면 합니다. 또한 어려움이 닥쳐올 때는 힘들지만 용기 있게 부딪히며 아무도 생각하지 못했던 블루오션(Blue Ocean)의 방책을 찾아내는 기쁨을 누리길 응원합니다. 오늘은 잠시 마음의 창에 '줌 아웃' 렌즈를 장착하고 삶을 들여다볼 것을 추천합니다.

1. 최근에 경험한 힘들고 괴로웠던 일은 무엇입니까? 줌 인 기능과 줌 아웃 기능 중 어떤 것을 사용했습니까?

2. 그때는 괴롭고 힘들었던 경험이 지금 생각하니 꼭 필요하고 도움이 되었다고 여겨지는 일이 있습니까? 그 이유는 무엇입니까?

괜찮아, 조율하면 돼!

"저희 교회 악기가 별로 좋지 않습니다. 괜찮을까요?"

교회에 방문한 위문 행사 팀 연주자에게 한 말입니다. 장병들의 군 복무를 위로하고 복무 스트레스를 해소해 주기 위해 실용음악과 교수 및 공영 방송 연주자들이 교회에 왔습니다. 방문자들의 이력이 너무 화려해서 용사들이 참 좋아하겠다는 생각에 마음이 들떴습니다. 그런데 그들이 연주할 악기를 보고는 걱정이 되기 시작했습니다. "목사님! 저희 악기 교체해 주세요. 오래된 모델이고 닳고 닳아서 상태가 좋지 않습니다" 하는 찬양 팀 연주자들의 볼멘소리와 건의 사항을 듣고 있던 터였기 때문입니다. 장병들을 사랑하는 마음으로 사례도 없이 방문하는 이들인데 적어도 연주자들의 격에 맞는 예우는 해야 하지 않나 하는 염려가 되었습니다.

"군인교회 드럼이니 이해해 주세요."

연주자 곁에서 제 말이 많아졌습니다. 그렇게라도 송구한 마음을 표현하고 싶었던 것입니다. 그런데 제게 돌아온 대답은 예상

밖이었습니다. 연주자님은 '두둥, 두둥, 두두둥' 하면서 드럼을 쳐 보더니 이렇게 말했습니다.

"목사님, 이 드럼 좋은 거예요. 구입하셨을 당시 명기로 불렸던 거예요."

그러면서 주머니에서 무언가를 꺼냈는데, 바로 드럼 조율기였습니다. 여기저기를 조이고 풀고를 반복하며 드럼을 조율하던 그는 한참 동안 자신만의 연주를 하기 시작했습니다. 연주를 듣던 저와 군종병은 입이 떡하니 벌어졌습니다.

'이게 우리 교회 드럼이 맞나? 우리가 그토록 안 좋다고 불평하던 그 드럼인가?'

이 생각을 속으로 몇 번이나 되뇌었습니다. '장인은 도구를 탓하지 않는다'는 말이 바로 이것이구나라는 것을 알았습니다. 조율을 하니 드럼의 소리가 바뀌었습니다. 연주자가 바뀌니 악기의 소리가 달라졌습니다.

'조율'(調律)의 사전적 의미는 "악기의 음을 표준음에 맞추어 고름" 또는 "문제를 어떤 대상에 알맞거나 마땅하도록 조절함을 비유적으로 이르는 말"(표준국어대사전)이라고 합니다. 즉 제자리를 찾도록 하는 것입니다. 훌륭한 연주자는 자신이 연주하는 악기를 사랑하고 그 악기에 대해 잘 알아서, 그 악기가 낼 수 있는 소리를 찾아낼 수 있습니다. 하지만 미숙한 연주자는 악기에 대해 잘 알지 못해서, 그 악기가 낼 수 있는 소리를 찾기보다는 악기의 상태를 탓하며 그 가치를 저평가합니다. 그런데 이 조율이 악기에만 적용되는 것은 아닙니다. 우리에게도 조율이 필요합니다.

대한민국의 신체 건강한 남자들은 군대라는 인생 학교에서 조율을 배웁니다. '집단적이면서도 통일성이 필요한 군인에게 절도와 규율을 익히게 하는 훈련'이며 '군인 기본 정신의 함양과 절도 있는 단체 생활을 영위하기 위하여 행하는 훈련의 일종'인 제식 훈련(制式訓鍊)을 하며 집단의 조율이 갖는 멋을 배우고, 할 수 없을 것 같은 것도 해낼 수 있다는 자신감을 얻습니다.

모든 것이 멈춰 버린 것 같다고 여겨지는 군 복무 기간 동안 잠시 자신의 인생의 목적과 방향을 생각하며 조율합니다. 현실의 무게에 짓눌려 생활 전선에 내몰려 있다가 조금 늦게 입대한 가방끈 긴 형님을 만나 '인생, 꿈, 공부'에 대한 이야기를 듣습니다. 그리고 소등 시간 이후 특별 허가를 받아 하루 두 시간씩 공부해서 검정고시를 통과합니다.

인생을 아직 시작도 안 했는데 이미 결정되었다고 정의하는 세태 속에 '열등감'(열나게 등신 같은 감정)을 가지고 살며 연주자가 악기를 탓하듯이 부모 탓, 집안 탓, 환경 탓, 나라 탓하던 '탓! 탓! 탓! 탓!' 사격을 중지합니다. 그리고 신앙을 배우고 기도하며 보이지 않는 것을 보이는 것처럼 그리는 삶을 하나씩 실천합니다. 그렇게 조율하니 조금씩 좋은 소리가 나기 시작하고 진가(眞可)를 발휘합니다.

파가니니(Niccolo Paganini)라는 한 천재 바이올리니스트가 각계 저명인사들이 모여 있는 자리에서 연주를 하게 되었습니다. 그

에 대한 소문을 들은 많은 사람이 모여들었고, 그의 연주가 시작
되자 모두 위대한 연주를 듣기 위해 긴장한 상태로 쥐 죽은 듯이
조용해졌습니다. 첫 바이올린 활의 움직임으로 시작된 열정적인
연주는 감동을 자아냈습니다. 그런데 갑자기 바이올린 줄 한 가
닥이 끊어져 버렸습니다. 청중들은 모두 놀라 당황했습니다. 하
지만 파가니니는 전혀 동요됨 없이 스케일(음계)을 바꿔 나머지
세 줄로 계속 연주를 이어 갔습니다. 그런데 갑자기 또 한 줄이
끊어졌습니다. 그래도 파가니니는 전혀 당황하지 않고 스케일을
바꾸어 가며 연주를 계속했습니다. 그런데 날카로운 파열음과 함
께 줄 한 가닥이 또 끊어졌습니다. 청중은 당황해서 아무 말도 못
하고 조용히 그 자리에 못 박힌 듯 앉아 있었습니다.

그는 잠시 연주를 멈추고 한 손에 그 유명한 스트라디바리우
스 바이올린을 치켜들었습니다. 그리고 큰 소리로 외줄 바이올린
과 자신의 이름을 외친 후 혼신의 힘을 기울여 그 누구와도 견줄
수 없는 고도의 기술로 연주를 마쳤습니다. 바이올린의 줄이 끊
어져도 연주자가 포기하지 않으니 내야 할 소리를 모두 내게 되
었습니다. 이처럼 악기의 상태가 아니라 연주자의 능력에 따라
그 가치가 달라집니다.

"제가 기타를 연주해 봐도 될까요?"

위문 행사 팀 중 tvN 방송국에서 기타를 연주하는 분에게 드
린 요청입니다. 그분의 연주 실력만큼이나 참 좋은 기타를 가져
오셨기 때문입니다. 기타 가격이 1천만 원이 넘는다고 합니다.

'역시 기타가 좋으니 연주가 장난이 아니구나'라는 생각을 하던 차에 저도 해 보겠다고 했습니다. 그런데 이게 웬일입니까? 그렇게 좋은 기타를 가지고 연주했는데, 다른 기타 소리와 다를 바가 없었습니다. 부끄러운 연주였습니다. 쥐구멍에라도 들어가고 싶었습니다.

이 일을 생각하며 저를 돌아봅니다.

'내가 가진 악기를 조율하려 하지는 않고 더 좋은 악기만 부러워하며 살고 있지는 않은가?'

'조금 더 나은 악기가 연주 소리를 담보해 줄 것이라 여기며 자만하고 있지는 않은가?'

'악기의 줄이 끊어지는 것 같은 실패와 낙심의 상황들 속에서 연주를 포기하려 하지는 않았는가?'

'나에게는 인생 연주를 잘 조율해 줄 수 있는 만남이 있는가?'

'나는 누군가의 삶을 조율해 줄 수 있는 조율기가 되어 주고 있는가?'

그러면서 제 삶에 조율이 필요하다는 사실을 알게 됩니다. 그래서 잠시 눈을 감습니다. 느슨하게 풀린 것은 좀 더 조여 주고, 너무 팽팽해져 있는 부분은 좀 풀어 줘야겠습니다. 또 투박하지만 전우들의 삶을 조율해 주고 있는 이들에게 박수를 보냅니다. 눈 감으면 아무것도 보이지 않는 캄캄함이라고 생각하던 군 생활이 어둠속에서 빛을 보게 되는 현장으로 탈바꿈되는 순간입니다.

악기를 탓하는 것은 쉬운 일입니다. 그런데 악기를 조율하는 것은 내가 하는 것도, 남을 위해 하는 것도 어렵습니다. 하지만 가치 있고 중요한 일입니다. 그래서 말합니다.

"괜찮아, 조율하면 돼!"

연금술사의 질문

1. 어떤 일이 잘 안 될 때 가장 많이 '탓'(장비, 사람, 환경 등)하는 것은 무엇입니까?

2. 오늘이라는 삶을 연주하기 위해 조율되었으면 하는 것은 무엇입니까? 또 그렇게 조율해 줄 수 있는 대상이 있다면 누구입니까?

감(感) 잡았습니다

"힘은 들었지만 속이 다 시원합니다."

"이제 더욱 교회를 깨끗하게 사용해야겠다는 마음이 생깁니다."

교회 대청소 후에 나눈 대화입니다. 겨우내 쌓여 있던 마른 나뭇잎을 치우고, 수년간 정리되지 않았던 창고를 정리하고, 교회 구석구석에 쌓인 먼지를 털어 냈습니다. 정리하지 않은 창고에 들어갔을 때는 아무렇게나 사용해도 되겠다는 생각이 들었지만, 정리된 창고에 들어가니 물품을 품목에 맞게 놓아야겠다는 생각이 듭니다. 전에는 각종 쓰레기를 휴지통에 아무렇게나 버렸는데, 지금은 왠지 분리수거를 해서 버리지 않으면 속상할 것 같습니다.

이런 심리를 반영한 이론이 있습니다. 바로 '깨진 유리창 이론'(Broken Window Theory)입니다. 1982년, 제임스 윌슨(James Wilson)과 조지 켈링(George Kelling)이 자신들의 이론을 '깨진 유리창'(Fixing Broken windows: Restoring Order and Reducing Crime in Our Communities)이라

는 제목으로 월간지 〈디 애틀랜틱〉(The Atlantic)에 발표하면서 명명한 사회 무질서에 관한 이론입니다. 깨진 유리창 하나를 방치해 두면 그 지점을 중심으로 범죄가 확산되기 시작한다는 이론으로, 사소한 무질서를 방치하면 큰 문제로 이어질 가능성이 높다는 의미를 담고 있습니다.

실제로 구석진 골목에 두 대의 차량 모두 덮개를 열어 둔 채 주차시켜 두고 차량 한 대만 유리창을 깨뜨린 후 일주일을 관찰했습니다. 그 결과 차량 덮개만 열어 둔 멀쩡한 차량은 일주일 전과 동일한 모습이었지만, 앞 유리창이 깨져 있던 차량은 거의 폐차 직전으로 파손되었습니다. 이 이론을 역으로 적용해서, 1994년 당시 범죄율이 높았던 뉴욕 지하철 내의 낙서를 모두 지우는 것을 목표로 하고 실천하자 지하철에서의 사건 사고가 급감했고, 우리나라의 경우에는 2012년 노숙인이 많던 서울역 부근에 국화꽃 화분으로 꽃 거리를 조성한 후부터 깨끗한 거리가 만들어지기 시작했습니다.

그런데 '깨진 유리창 이론'이 사물에만 적용되는 것은 아닙니다. 인간관계에도 적용됩니다. 특별히 나의 선택으로 형성된 관계가 아닌, 비자발적 선택에 의해 강요된 관계망 속에 들어가야 할 때는 더욱 도드라집니다. 이를 맹자는, "무릇 사람은 반드시 스스로 업신여긴 후에 남이 업신여기고, 집안도 반드시 스스로 망친 후에 남이 망친다"고 했습니다. 위대한 인생 이야기와 조우하는 군 생활 속에서 저는 이 문장을 "내가 나를 소중하게 여기면 남도 나를 소중하게 여기고, 내가 나를 소홀하게 여기면 남도 나를 소홀하게 여긴다"로 바꾸어 표현해 봅니다.

흔히 '군 생활은 센스(Sense)다'라고 합니다. '센스'는 사전적으로 "어떤 사물이나 현상에 대한 감각이나 판단력"(표준국어대사전)을 뜻하는데, 쉽게 말하면 감각, 눈치, 분별 혹은 분별력이라 할 수 있습니다. 익숙한 표현으로는 '감'이라고도 합니다. 일반적으로 사회생활을 할 때 이 센스는 인간관계에 중요하게 작용합니다. 군 생활에서의 센스를 두 가지로 정리해 보면, '하지 않아도 되는 일을 하는 것'과 '언젠가는 해야 할 일을 미리 하는 것'이라고 할 수 있습니다.

부대에 신병이 전입해 오면 맞선임이 쉬는 시간에 PX에 데리고 갑니다. 부대 생활에 필요한 물품을 구입할 수 있도록 도와주고, 훈련 기간에 먹고 싶었던 간식거리를 먹을 수 있게 해 줍니다. 이때 신병이 고마움을 표하며 선임에게 작은 간식이라도 선물해 주면 좋은 첫인상을 줌과 동시에 머쓱했던 관계가 급속도로 가까워집니다. 또 훈련을 앞두고 분주한 상태에서 지휘관이 빠뜨린 지시사항이 있어 당황하며 확인하는데 센스 있는 분대장이 '분대원들과 준비가 완료되었다'고 보고하면 사랑받는 분대가 됩니다. 이처럼 군 생활은 센스가 있어야 합니다. 감이 좋아야 합니다.

하지만 상명하복 위계질서의 군대 문화가 제공하는 긴장은 몸을 얼어붙게 만들고, 처음 해 보는 일과 낯선 만남에 대한 두려움은 사고를 마비시킵니다. 짧게 자른 머리는 개인의 고유성이 사라진 것처럼 느껴지고, 같은 옷을 입는 것은 보편성이 강요된 것처럼 여겨집니다. 지난 20여 년간 자기를 구축해 놓은 자신감이라는 성이 무너지고, 어린아이처럼 모든 것을 처음부터 다시 배우고 익히는 순간을 맞이하며 당황해합니다. 감이 떨어지기 시작합니다.

실수가 반복되며 생겨나는 무능감, 남들은 다 잘하는데 나만 못하는 것 같은 열등감, 아무것도 하기 싫을 뿐만 아니라 할 수 없다고 여기는 무력감이 바닥에 떨어져 마음을 지저분하게 합니다. 어느덧 상황을 객관화하기보다 주관적인 판단으로 좁은 시야를 형성하는 터널 뷰(Tunnel View)에 갇혀 자신을 소홀하게 대합니다. 그러면서 남들이 소홀히 여기는 것을 당연시하는 악순환이 반복되면서 깨진 유리창에 오물들이 투척됩니다.

이때 마음의 대청소가 필요합니다. 상대방의 비교와 평가 속에서 자기 존재를 증명하려 하는 '자존심'을 내려놓고, 다른 사람과 비교해 우월감을 느끼는 것이 아닌, 자신의 가치를 인정하고 존중하고 사랑하는 '자존감'을 회복해야 합니다.

그러기 위해서는 먼저, '실수=실패'라는 비합리적 신념을 재고하며 '무능감'을 치워야 합니다. 익숙하지 않고 긴장된 상태에서는 누구나 실수할 수 있습니다. 작지만 잘하는 일부터 시도하며 상황을 객관화해 볼 때 자기 효능감을 회복할 수 있습니다.

다음으로, 끊임없이 남과 비교해서 자신을 평가하는 '열등감'

을 제거해야 합니다. 스스로 '형편없는 존재'라고 생각하기보다는, 내 편이 되어 주는 이들이 있음을 기억하는 것입니다. 내가 나의 편이 되어 주어 자신을 칭찬하고, 나를 사랑하는 이들을 생각하는 것입니다. 입영 현장에 있는 수많은 까까머리 무리가 다 똑같다고 하지만, 어머니의 눈에 아들은 너무나 크게 보입니다.

마지막으로, '나는 아무것도 할 수 없어'라는 무력감을 떨쳐 내야 합니다. 감사 노트 작성, 독서, 신앙생활과 강연 시청 등의 스몰 스텝(Small Step)을 실천하며 자신을 성찰하고 동기 부여할 수 있도록 해야 합니다. 그러다 보면 시나브로 '자존감'을 잡고, '자신감'을 보이게 됩니다.

하루하루를 치열하고 힘겹게 살아가지만, 잠시 마음의 창을 점검해 보았으면 합니다. 마음속에 깨진 유리창의 조각이나 새로운 창을 갈아 끼워야 할 부분은 없습니까? 하나둘씩 떨어진 감들로 인해 질퍽하게 지저분해져 있거나, 타인이 투척한 쓰레기 앞에서 자포자기하고 있지는 않습니까? 우리는 분명히 기억해야 합니다. 내가 나를 소홀히 여기면 남도 나를 소홀히 여기고, 내가 나를 소중히 여기면 남도 나를 소중히 여깁니다.

조금 힘들어도 마음 대청소를 완수한 이들은 말합니다.

"힘은 들었지만 속이 다 시원합니다."

"감 잡았습니다."

1. 나도, 남도 소중하게 여기지 못하게 방치해 두고 있는 당신의 '깨진 유리창'은 무엇입니까?

2. 마음 대청소를 완수해서 꼭 잡고 싶은 '감'은 무엇입니까? 이를 위한 스몰 스텝 세 가지를 SMART하게 적어 봅시다.

* 목표 설정을 위해서는 SMART 기준을 사용하는 것이 유익합니다. 목표는 구체적으로(Specific), 측정 가능하게(Measurable), 달성 가능하게(Achievable), 현실적으로(Realistic), 기한을 설정해서(Time-bound) 세울 때 실천 가능성이 높아집니다.

3부 ──────── 상병

어질 인(仁)을
배우다

시력과 청력

학창 시절 말귀를 잘 못 알아듣는 사람을 가리켜 '사오정'이라고 비유했습니다. 이유인 즉 〈날아라 슈퍼보드〉라는 만화 영화 중 등장인물이었던 사오정의 귀가 항상 모자에 덮여 있어 소리를 잘 듣지 못했기 때문입니다. 그래서 '사오정이 다니는 고등학교의 이름은?'이라는 질문을 하면 '뭐라고'라고 답하는 우스갯소리도 있습니다.

그런데 생활관을 방문한 어느 날, 장병들과 대화하던 중 제가 사오정이 되어 버렸습니다. A 병장이 제게 B 상병을 데리고 오더니, "목사님, 요즘 B 상병이 청력이 많이 안 좋아졌습니다"라고 말했습니다. 그래서 저는 B 상병의 손을 잡으며 "정말이니?"라고 걱정스레 물었습니다. 왜냐하면 맡겨진 임무를 수행하다가 원치 않게 몸이 상하거나, 또 몸의 부상이 마음의 상처로 이어지는 경우를 보았기 때문입니다. 그러자 A 병장은 좀 더 다급하게 말하기 시작했습니다.

"목사님! 청력뿐만 아니라 시력도 안 좋아졌습니다."

그 이야기를 듣고는 B 상병의 손을 꽉 잡으며 마음을 다해 기도하려 했습니다. 그런데 그때, 주변에 있던 이들이 키득거리며 웃기 시작하는 것입니다. 그 순간 저는 그 상황이 의아하면서도 화가 났습니다. 남의 아픔을 함께 아파해 주지는 못할지언정, 남의 아픔을 보고 웃고 즐기는 것은 잘못됐다고 생각했기 때문입니다. 그때 A 병장이 제게 시력과 청력이 나빠졌다는 말의 의미를 설명해 주었습니다. 저는 그 설명을 듣고 실소(失笑)하지 않을 수 없었습니다.

"목사님, 요즘 B 상병이 짬이 좀 쌓여서 그런지 한 귀로 듣고 한 귀로 흘리는 것을 잘하게 되었습니다. 듣고도 모른 척합니다."

그 말을 들으니 이해가 되었습니다. 그제야 저는 고개를 끄덕이며, "그러면 시력이 나빠졌다는 것은 보고도 못 본 척하는 것이 많아졌다는 것이겠네!"라고 맞장구를 쳤습니다. 그러자 모두들 고개를 끄덕였습니다.

그런데 이 일을 그냥 스쳐 갈 수 없어 곱씹어 생각해 보았습니다.

'쌀밥과 짬밥(병영식을 이르는 은어)을 먹을수록 나의 시력과 청력은 더 좋아지는가, 아니면 나빠지는가?'

달리 표현하면, 지위가 높아질수록, 누릴 수 있는 것이 많아질수록, 편해질수록 나의 시력과 청력은 민감해지는가, 아니면 둔감해지는가라는 물음입니다. 이 질문에 그리 떳떳하지 못한 제 모습이 부끄러웠습니다.

들어도 못 들은 척, 보고도 못 본 척하며 지내는 것을 지혜롭다 여기며 살아가게 되는 현실을 돌아봅니다. '서생의 문제의식과 상인의 현실 감각'을 가지고 살아야 한다고 말하지만, 현실 감각을 내세워 문제의식에 눈감아 버릴 때가 많기 때문입니다.

많은 사람이 개혁과 변화를 이야기합니다. 인터넷 검색을 하면 다양한 목소리와 비판들이 미디어와 SNS를 장식하고 있음을 알게 됩니다. 그렇지만 가장 기본은 나의 시력과 청력을 점검하는 것이 아닌가 생각해 봅니다. 내 주변의 연약한 자와 가난한 이웃들의 신음 소리를 들을 줄 알고, 힘겨워하는 전우들에게 손과 어깨를 빌려 주며, 자신에게 부여된 임무를 도외시하지 않고 기쁨과 성실함으로 감당하는 것, 분단된 조국의 아픔을 바라보며 평화의 파수꾼으로서의 책임을 다하는 것이 변화의 첫 단추이기 때문입니다. 잠시 할 말 많았던 입을 다물고 침묵하며 자신의 시력과 청력을 점검해 보는 것은 어떨까요?

●

연금술사의 질문

1. 최근에 보고도 못 본 척하고, 듣고도 못 들은 척한 일이 있습니까? 그렇게 행동한 이유는 무엇입니까?

2. 시력과 청력을 키우기 위해 어떤 노력을 해야 한다고 생각합니까? 또 변화의 첫 단추를 끼우기 위해 지금 적용해서 실천할 수 있는 일을 세 가지 꼽는다면 무엇이 있습니까?

괜찮아, 다 알아

육군종합행정학교 상담학교관과 교육 장교 직책을 병행하던 시절, 힘들게 추진하던 일이 잘 안되어 책상 앞에 멍하니 앉아 있는데 상담학과장님이셨던 고재천 목사님께서 다가와 제 어깨를 잡으며 "괜찮아? 괜찮아, 다 알아!" 하고 말씀하셨습니다. 이 한마디에 나도 모르게 무장 해제되어 눈물이 왈칵 쏟아져 버렸습니다. 같은 길을 나보다 앞서서 걸었던 선배님의 인생이 고스란히 담긴 따뜻한 공감의 한마디가 꾹꾹 눌러 놓은 불편한 감정의 쓰레기들을 끄집어냈습니다. 그것은 다시 일어설 수 있게 하는 살리는 한마디였습니다. 이 경험을 통해 '상담'(Counseling)에 관한 정의를 연구하던 중 발견한 한 표현이 깊이 이해되었습니다. 바로 '상담은 그신신이다'라는 문장입니다. 이 말을 풀면, '상담은 그 사람의 신발을 신어 보는 것이다'라는 의미입니다.

낡고 헌 신발 한 켤레가 있습니다. 이 신발의 주인공은 중학교 2학년 여학생입니다. 이 학생은 현재 사업 부도로 인해 연락이 두절된 아버지와 이별한 채 어머니와 살고 있습니다. 이전까지는 '가난'이라는 것을 알지 못하고 살았는데, 한순간에 삶이 뒤집어져 버렸습니다. 헌 신발은 너무나도 보고 싶은 아버지가 사 주셨던 생일 선물입니다.

어느 날, 옆에 앉아 있던 짝꿍이 새 신발을 꺼내며 말합니다.

"얘들아! 우리 아버지가 신상 운동화 사 주셨다."

그러자 주변에 있던 친구들이 우르르 몰려들어 신발을 구경하며 와자지껄 떠듭니다. 순간 학생은 자신도 모르게 낡고 헌 신발을 신고 있는 발을 책상 안으로 집어넣습니다. 그러자 반대편에 있던 친구는 자기도 질세라 자랑하기 시작합니다.

"야! 뭐 그것 가지고 그러냐? 우리 아빠는 해외 출장 다녀오면서 명품 구두 선물해 주셨다."

그러자 다른 아이들이 그 구두를 보기 위해 우르르 자리를 옮깁니다. 이번에 학생은 자신의 낡은 신발을 더 깊숙이 숨깁니다.

신발도 신발이지만, '아빠'라는 단어가 가슴을 깊숙이 파고들어 우울하게 만듭니다. 더 이상 자리에 앉아 있을 수 없어 교실을 나섭니다. 복도를 걷고 있는데 주변 학생들이 다 자기 신발만 보고 수군거리는 것처럼 느껴집니다.

"야, 쟤 신발 왜 저래?"

"쟤네 집 잘 살지 않아?"

"야, 소문 못 들었어? 망했대."

운동장에 우두커니 앉아 하늘을 보는데 외로움, 소외, 원망의 감정이 뒤섞입니다. 아빠가 너무 보고 싶습니다. 그러면서 설움과 그리움이 뒤섞여 눈물이 납니다.

　이 학생을 진정 도와줄 수 있는 방법은 무엇일까요? 신발을 수선해 주는 것일까요? 아닙니다. 신발에는 아빠의 선물이라는 사연이 있습니다. 카드를 가지고 가서 새 신발을 사 주는 것일까요? 아닙니다. 잘못하면 자존심을 건드려 큰 상처를 남길 수 있습니다. "지금은 이런 신발을 신고 있지만 아픈 만큼 성숙할 수 있는 기회야", "상처는 별이 될 수 있어"라고 말해 주는 것일까요? 아닙니다. 참 좋은 말인데 머리에서 가슴으로 내려오지를 않습니다. 그렇다면 어떻게 도울 수 있을까요?

　한 친구가 그 학생에게 다가갑니다. 그리고 신발 좀 빌려 달라고 합니다. 그리고 신발을 신은 채로 교실에 앉아 봅니다. 주변에서 신발 자랑하는 소리를 들으니 발끝이 자신도 모르게 움츠러드는 것을 느낍니다. 복도를 걸어가니 주변 학생들이 자기만 보는 것 같고, 수군대는 것 같은 느낌을 받습니다. 홀로 운동장에 앉아 하늘을 보니 잠시 신발을 빌려 신은 것뿐인데 마음이 울컥합니다. 다시 학생에게 다가가 말합니다.

　"친구야! 신발을 신어 보니 아이들이 신발 이야기할 때 발이 움츠러져 들어가더라. 복도를 거닐 때 다 내 이야기를 하는 것 같았어. 운동장에 앉아 하늘을 보는데 마음이 울컥하더라. 너, 이런 감정을 느끼고 있었구나? 내가 네 마음을 다 이해할 수는 없을 거야. 다만 한 가지만 알아주면 좋겠어. 난 네 친구이고, 너와 늘 함께할 거야."

자신의 마음을 읽어 주는 이 한마디에 학생은 주체할 수 없는 눈물을 흘리며 친구의 가슴에 안깁니다.

'그신신'은 바로 '공감'(共感, Empathy)을 의미합니다. '그 사람의 입장이 되어 느껴 보고 알아주는 것'을 의미합니다. 아무도 모를 것 같은 내 마음을 알아주는 사람을 만날 때면 눈물이 납니다. 외면은 물로 씻어 내지만, 내면은 눈물로 씻어 냅니다. 나를 알아주는 사람을 만날 때 살리는 눈물을 얻을 수 있고, 변화와 성장의 기회를 만납니다. 그래서 고(故) 신영복 교수는, "돕는다는 것은 우산을 들어 주는 것이 아니라 함께 비를 맞으며 걸어가는 것"이라고 했나 봅니다.

"아무도 내 이야기를 들어 주는 사람이 없다."

"아무도 내 마음을 알아주는 사람이 없다."

군 생활 속에서 절대 하지 말았으면 하는 결정을 이미 행한 이들이 힘겹게 끄적이며 남겨 놓은 슬픈 문장입니다. 그들 곁에 공감하고 들어 주는 한 사람만 있었더라면 하는 생각을 잠시 해 봅니다. 모든 문제를 다 해결해 줄 수 있는 힘은 없지만, 적어도 들어 줄 수 있는 사람, 그 마음을 읽어 주고 공감하며 "괜찮아, 다 알아!"라고 말해 줄 수 있는 사람, 함께 비를 맞아 줄 수 있는 사람이 되기를 다짐해 봅니다.

1. 누군가 다가와 건넨 한마디가 눈물을 글썽이게 할 정도로 고마웠던 적이 있습니까? 어떤 경험이며, 그 이유는 무엇입니까?

2. 비가 올 때 함께 비를 맞아 줄 수 있는 존재는 누구입니까? 또 함께 비를 맞아 주어야 할 사람은 누구입니까?

괜찮아, 잘했어

대대전술훈련평가를 앞두고 한 이등병이 전입을 왔습니다. 소속된 중대의 중대장은 진급 대상자입니다. 중대원들은 이번 평가가 중대장님에게 중요한 영향을 미칠 것이라고 여겨 훈련에 최선을 다해 임할 각오를 다졌습니다. 평가가 시작되자 그동안의 수고와 노력을 다 뿜어낼 작정이라도 한 듯 최선을 다해 움직입니다.

출동 상황이 되어 개인 군장을 싸야 했습니다. 그때 한 분대장이 후임에게 새로 전입해 온 이등병의 군장 싸는 것을 도와주라고 지시합니다. 그러나 각자가 바삐 움직여야 하는 시점인지라 이등병을 돌보지 못합니다. 이등병은 어찌할 바를 모르고 있다가 자신이 짐이 되면 안 된다는 생각에 잘해 보려고 스스로 군장을 쌉니다.

이후 연병장에 집합 명령이 떨어집니다. 그리고 평가관이 군장 검사를 실시합니다. 모두 갓 전입해 온 이등병의 군장만 걸리지 말아 달라고 속으로 빕니다. 그러나 기대를 저버리지 않고 그 이등병의 군장이 평가 대상이 됩니다. 중대장부터 모든 부대원이 긴장하며 주목합니다. 그런데 그 군장 안에는 들어가지 말아야 할 것이 들어 있고, 꼭 있어야 할 품목이 들어 있지 않았습니다. 중대 분위기는 찬물을 끼얹은 듯 싸늘해졌습니다. 중대장을 볼 면목이 없습니다. 이등병은 중대장의 앞길을 막은 것 같은 죄책감에 시달리며 어찌할 바를 모릅니다.

앞선 사연이 있는 줄도 모르고 군종부 주관 장병 격려 행사인 '힐링 콘서트'를 진행했습니다. 강사가 간부들을 앞으로 초청해서 사랑하는 마음으로 허깅(Hugging)해 주고 싶은 용사 한 명의 이름을 부르라고 합니다. 앞서 언급한 중대장의 순서가 되었을 때 중대원들은 중대장의 입술만 응시합니다.

'누구를 부르실까?'

그때 중대장은 사고 친(?) 이등병의 이름을 불렀습니다. 그러고는 지휘관의 넓은 품으로 그 이등병을 안아 주었습니다. 이를 지켜보던 중대원들은 감격해서 박수를 치며 환호성을 지릅니다. 그리고 품에 안긴 이등병은 눈물을 글썽입니다. 중대장은 "괜찮아, 잘했어! 나름의 최선을 다한 거잖아. 고맙다"라는 말을 전하며 등을 도닥입니다. 살얼음판 위를 거닐듯 불안했던 중대 분위기가 갑작스레 축제의 장이 됩니다. 그 따뜻한 품, 수용의 말 한마디는 중대를 감동과 감격의 장(場)으로 바꾸었고, 불안한 자리를 평안과 기쁨의 자리가 되게 했으며, 한 이등병의 눈에 눈물이 고이게 함과 동시에 그의 마음속에 있는 무거운 죄책감을 씻어 내리게 했습니다. 그야말로 반전(反轉)입니다.

〈삼시세끼〉라는 인기 방영 프로그램을 찍은 한 촬영지에서 제작진은 이렇게 말했다고 합니다. "망했다." 흔히 방송에서 말하는 '거리'가 나와야 하는데 시청자의 시선을 주목시킬 만한 장면이 안 나온 것입니다. 유해진 씨가 바다낚시를 했는데 대어를 낚아도 모자랄 판에 물고기를 한 마리도 못 잡고 돌아온 것입니다. 전형적인 방송에서의 히트감이 나오지 않았습니다. 하지만 이런 〈삼시세끼〉가 성공할 수 있었던 이유는 바로 자막, 음악, 연출자들이 그 장면을 바라보았던 시선 때문입니다. 아무것도 낚지 못한 유해진 씨가 돌아오는 장면에 이런 자막이 떴습니다.

"아무것도 잡지 못한 참바다 씨. 우리 아버지들의 뒷모습과 정말 많이 닮아 있네요."

그러고는 음악을 함께 넣어 줍니다. 이렇게 되니 원래 현상과는 다른 메시지가 만들어집니다. 망한 프로그램을 살려 냅니다. 연출자의 시선은 제작진에게 이렇게 말하는 듯합니다.

"괜찮아, 잘했어!"

이에 대해 강연가 김창옥 씨는 말합니다.

연기(煙氣) 자체를 남길 수는 없어요. 이미 산 삶을 바꿀 수는 없어요. 못 돌려요. 그런데 우리는 자꾸 돌이킬 수 없는 삶에 대한 후회와 원망, 그 사건을 일으킨 인간에 대한 미움과 분노로 내 삶을 깎아 먹고 있어요. 하지만 그 삶에 대한 종합 편집권은 우리에게 남아 있습니다.

'괜찮아, 잘했어!' 이는 나의 존재를 수용하고, 실수와 실패로 점철된 삶의 이야기를 다시금 종합 편집할 수 있는 힘을 주는 한마디입니다. 이등병 같은 마음으로 주눅 들어 스스로 삶을 편집하지 못할 때, 주변에서 음악 감독, 연출 감독이 되어 배경 음악과 자막을 넣어 주듯 새로운 메시지를 만들어 주는 이들의 마음이 담긴 한마디입니다.

모두 힘든 날들을 살아 냅니다. 그러니 이 한마디를 자신에게 혹은 타인에게 정성스레 건네는 종합 편집자가 되어 보면 어떨까요? 한 사람의 삶이, 일련의 사건이 재해석될 수 있도록 도와주는 것은 말과 표현으로 행하는 소중한 기도(祈禱)입니다.

───────●───────

연금술사의 질문

1. 잘해 보려다가 큰 실수를 한 경험이 있습니까? 그때 당신의 편이 되어 주었던 사람은 누구이며, 그의 어떤 말과 행동이 위로와 힘이 되었습니까?

2. 실수와 실패를 '엎질러진 물'이라고 결론짓습니까, 아니면 반전의 기회가 될 수 있다고 생각합니까? 후자처럼 생각할 수 있게 하는 원동력은 무엇입니까?

배로 갈까, 비행기로 갈까

외상 후 스트레스 장애(PTSD: Post-Traumatic Stress Disorder)는 신체적인 손상과 생명의 위협을 받은 사고에서 심적 외상을 받은 뒤에 나타나는 질환입니다. 주로 일상생활에서 경험할 수 있는 사건에서 벗어난, 이를테면 천재지변, 화재, 전쟁, 신체적 폭행, 교통사고 등으로 발생됩니다. 증상이 1개월 이상 지속되어야만 외상 후 스트레스 장애라고 하고, 증상이 한 달 안에 일어나고 지속 기간이 3개월 미만일 경우에는 급성 스트레스 장애라고 합니다.

외상 후 스트레스 장애가 정신 장애 진단명으로 자리 잡게 된 것은 베트남 전쟁과 관련이 있습니다. 베트남 전쟁에 참전했던 미군들이 본국에 복귀 후 전쟁 당시 경험한 충격의 재 경험 증상을 보이고, 분노, 피해 의식, 수치심 등의 감정이 부정적으로 외부에 표출되어 심각한 사회 문제를 초래했기 때문입니다. 이와 관련한 연구를 진행하며 사람들은 의구심을 가졌습니다. '전쟁이 원인이라면 제2차 세계 대전 당시에는 발견되지 않던 증상이 왜 베트남 전쟁에서 두드러지게 나타났는가?' 하는 점입니다.

연구 결과 두 전쟁 사이에서 중요한 차이점을 발견했습니다. 제2차 세계 대전과 베트남 전쟁에서 외상 후 스트레스 장애에 영향을 미친 중요한 차이는 본국 송환에 사용된 교통수단입니다. 제2차 세계 대전 당시 미군들은 배로, 베트남 전쟁에서는 비행기로 이동했습니다. 이것이 어떤 영향을 미쳤을까요?

배로 이동한 미군들은 수개월의 시간을 한정된 공간에서 함께 지내야 했습니다. 그곳에서 그들은 전장에서 경험한 상실과 아픔, 현재 느끼는 고통, 도덕적·윤리적으로 양심의 가책을 느끼며 행했던 행위들에 대한 참회 등 서로 이야기를 나누며 함께 울고 함께 격려하는 시간을 보냈습니다. 그런데 비행기로 이동한 군인들은 자신들의 감정적 고통과 아픔을 나눌 기회가 없었습니다. 뿐만 아니라 본국에 도착했을 때 제2차 세계 대전 참전 용사들은 영웅으로 대우받았지만, 베트남 전쟁 참전 용사들은 정치·사회적으로 긍정적 평가를 받지 못했습니다. 그 결과 베트남 전쟁 참전 용사들은 외상 후 스트레스 장애라는 큰 고통을 경험하며 살아갈 수밖에 없었습니다.

앞서 언급한 일화는 우리에게 중요한 교훈을 줍니다. 누군가의 이야기를 들어 주거나 누군가를 격려하는 것이 얼마나 중요한 일인가를 알려 주기 때문입니다. 또한 빨리 가는 비행기는 아니지만, 조금 천천히 가더라도 한 배를 타고 가는 건강한 공동체를 세우는 것이 얼마나 중요한지를 보여 주기 때문입니다. 이 일화는 조금 느리지만 공동체를 경험하는 배로 갈까, 아니면 그냥 빨리 목적지에 도착하는 개인적인 비행기로 갈까 하는 고민에 대한 답을 줍니다.

유격 훈련 마지막 행군을 할 때 나의 수다를 들어 주는 동료가 있으면 힘이 납니다. 지쳐서 쓰러지고 싶은데 등을 토닥이며 "조금만 더 가자!" 하는 이가 있으면 한 걸음 더 나아갈 수 있습니다. 발에 잡힌 물집이 터져서 따끔거릴 때 곁에서 노래를 불러 주는 이가 있으면 고통을 잠시 잊을 수 있습니다. 혼자 가면 빨리 가지만, 함께 가면 멀리 갈 수 있습니다. 군대는 집단생활을 하며 이것을 배우는 연단 학교입니다.

지금 함께하고 있는 전우들, 가족과 공동체에게로 눈을 돌려 봅니다. 조금은 느려도 서로의 이야기를 많이 듣고 격려해 주는 건강한 공동체를 세워 갔으면 합니다. 한 광고 업체에서 신문 지면에 '사랑한다면 눈을 감아 보세요'라는 광고를 냈습니다. 광고의 문구처럼 잠시 눈을 감아 보았으면 합니다. 그리고 함께하는 이들을 떠올려 보았으면 합니다. 제일 먼저 떠오르는 그 사람과 차 한잔 마시며 배를 타는 경험을 해 보면 어떨까요?

연금술사의 질문

1. 느리게 가는 것이 빠르게 가는 것보다 유익했던 경험이 있습니까? 어떤 경험이었으며, 그렇게 생각하는 이유는 무엇입니까?

2. 함께 이야기를 나누며 위로를 얻었던 경험이 있습니까? 또한 지금 고통과 아픔을 나눌 수 있는 공동체가 있습니까?

'선별'(選別)보다 '선애'(先愛)가 먼저다

'트리아지'(Triage)라는 말이 있습니다. 이는 프랑스어로 '선별'을 의미하는데, 응급 상황 시 치료의 우선순위를 정하기 위한 환자 분류 체계입니다. 또한 부대의 대량 전상자 처리 훈련에서 사용되는 훈련 체계입니다. 이를 체계적으로 정리한 사람은 나폴레옹 전쟁 당시 프랑스의 군의관이었던 도미니크 장 라레(Dominique-Jean Larrey)입니다.

전쟁이나 대형 재해로 인해 환자가 급격하게 발생하면 한정된 수의 의료진과 장비로 모든 환자를 다루는 데에는 한계가 있습니다. 이때 환자의 분류를 제대로 하지 않으면 당장 치료가 시급한 응급 환자가 제대로 치료를 받지 못해서 사망하거나 영구적인 장애를 입을 수 있으며, 한정된 의약품을 효과적이고 효율적으로 사용할 수 없게 됩니다.

장 라레는 각 단계에 속한 환자들을 색깔이 있는 카드로 분류했습니다. '빨간색 카드'는 즉각(Immediate) 환자입니다. 당장 응급 치료를 받지 않으면 생명이 위험한 환자로 치료 1순위입니다.

'노란색 카드'는 지연(Delayed) 환자입니다. 당장 치료할 필요는 없으나, 필요하면 바로 치료할 수 있도록 관찰해야 하는 환자로 치료 2순위입니다. '녹색 카드'는 최소(Minimal) 환자입니다. 당분간 방치해도 생명이나 신체장애에는 큰 영향이 없으며, 별도의 안정이나 관찰이 필요하지 않은 환자로 치료 3순위입니다. '흰색 카드'는 기대(Expectant) 환자입니다. 이미 사망했거나 목숨이 끊어지기 직전이며, 더 이상의 치료는 의미가 없는 환자입니다.

한국군과 미군 의료진은 분류 체계와 우선순위에 따라서 환자를 돌봅니다. 이 분류 체계를 조금 냉정하게 보면, 한정된 의료 능력으로 인해 살릴 수 있는 사람은 살리고, 가망이 없는 사람은 포기한다는 사실을 알게 됩니다. 전투력의 효과와 효율을 생각하면 이럴 수밖에 없습니다. 최선이 안 된다면 차선을 택하는 공리주의 사회의 현실은 이와 같습니다.

그런데 이 분류 체계와는 다른 우선순위로 지원하는 이들이 있습니다. 군종장교입니다. 군종장교의 지원 1순위는 가망이 없어 보이는 기대 환자입니다. 죽음의 공포와 두려움 앞에 있는 이들, 말할 수 없는 고통 가운데 있는 이들, 더 이상 쓸모없어진 것 같고 버려진 것 같은 마음을 가지고 있는 이들에게 찾아가 손을 잡아 주고, 마지막까지 함께하며 기도해 줍니다. 이것은 효과와 효율이라는 그릇에는 담아낼 수 없고, 오직 사랑이라는 그릇에만 담아낼 수 있습니다. 이는 '선애'입니다.

트리아지의 효용성과 합리성이 제삼자의 입장에서는 타당하고 이해가 됩니다. 하지만 나 혹은 내 가족이 4순위의 사람이 되거나 기대 환자의 입장이 되면 트리아지에 대한 이해는 달라집니다. 우선순위에서 소외되었음을 아파하며, 효과와 효율이 아닌 사랑을 고대하고 갈망하게 됩니다.

군 생활 경력이 쌓이면서 다양한 사람들과 일하는 경험을 갖습니다. 그러다 보면 함께 일하는 사람들을 바라보고 평가하는 나름의 분류 체계가 자연스럽게 형성됩니다. 때로 조직의 관리자로서 '난 사람 보는 눈이 있다'는 말을 거리낌 없이 하며 센 척하고, 은근히 아랫사람에게 으름장을 놓으며 꼰대질(?)하는 자신을 느끼면 화들짝 놀랍니다.

한번은 어떤 이를 바라보며 무능력, 게으름, 거짓됨이라는 단어를 나열하고는 더 이상 함께하지 못하겠다는 고민을 한 적이 있습니다. '조직을 위해서 포기해야겠다'는 생각에 밤잠을 설쳤습니다. 이 문제로 고민하며 기도하는데 하나님이 제 입을 막으셨습니다. 그러면서 군목으로서 부족하고, 연약하고, 거짓된 과오들을 생각나게 하셨습니다. 그리고 한마디 음성을 가슴에 새겨 주셨습니다.

"조직을 위해서… 나는 너를 포기하지 않았다."

부담스럽고 불편하게 느껴진, 하지만 주체할 수 없는 뜨거운 눈물이 뺨을 적실 수밖에 없는 한마디였습니다. 효과와 효율이 아닌 사랑으로밖에 이해할 수 없는 초 이성, 초 합리의 한마디였습니다. 아흔아홉 마리의 양을 두고 잃어버린 양 한 마리를 찾아

가는 목자의 마음. 상한 갈대를 꺾거나 꺼져 가는 등불을 끄지 않으시는 하나님 아버지의 마음. 이 마음을 잘 안다고 생각했는데 몰랐습니다. 이것은 남의 이야기가 아니라 나의 이야기였습니다. 전에는 이를 설교하기 위해 알았는데, 이제는 살기 위해, 참된 삶을 살아 내기 위해 조금씩 알아 가는 듯합니다. '선별'보다 '선애'가 먼저입니다.

연금술사의 질문

1. 다른 사람을 판단하는 자신만의 기준은 무엇입니까? 그렇게 생각하는 이유는 무엇입니까?

2. 당신을 포기하지 않고 인내하며 기다려 준 존재가 있습니까? 그는 누구이며, 지금 그에게 속마음을 표현할 수 있다면 어떤 메시지를 전하고 싶습니까?

'Disabled'(장애인들)인가,
'Enabled'(특별한 사람들)인가

2018년 평창 동계패럴림픽 메달 순위 6위 국가는 우크라이나 (금 7개, 은 7개, 동 8개)입니다. 이 순위와 결과를 볼 때 우크라이나는 동계 스포츠 강국이 틀림없습니다. 그런데 평창 동계올림픽 순위 는 21위(금 1개)입니다. 하계올림픽에서도 도드라진 성적을 보여 준 적이 별로 없습니다. 그럼에도 눈에 띄는 패럴림픽 결과가 주 목을 받았습니다.

우크라이나는 1990년대만 하더라도 장애인 스포츠에서 두각 을 나타내지 못했습니다. 1996년과 2000년 하계패럴림픽에서 각 각 44위와 35위에 그쳤습니다. 이런 우크라이나가 2006년 동계 패럴림픽 이후부터는 하계·동계 패럴림픽에서 항상 6위권 내에 드는 우수한 성적을 거둡니다. 이유가 무엇일까요?

답은 사람입니다. 우크라이나 장애인 스포츠를 이야기할 때 빼 놓을 수 없는 인물이 발레리 수쉬케비치(Valery Sushkevich) 우크라 이나 패럴림픽위원장입니다. 그는 소아마비 장애인으로서 수영 선수로 활동하다가 정치계에 입문한 후 국회의원이 되어 우크라

이나 패럴림픽 육성을 이끌었습니다. 이후 2002년에는 국립 패
럴림픽센터를 세우고 장애인 스포츠를 위한 특별 예산을 따 냅
니다. 덕분에 우크라이나의 모든 지역과 학교에는 장애인 스포츠
시설들이 들어섰고, 이는 장애인 스포츠의 비약적 발전을 이끌었
습니다. 특별히 장애인 우수 선수를 발굴하면서 한 그의 인터뷰
가 인상 깊습니다.

> 장애가 있는 사람이 100명 있으면 그 중 스포츠에 재능을 가진 사람이
> 5명 정도 된다. 우리는 그들에게 잠재력을 발휘할 기회를 주려고 노력한
> 다(〈국민일보〉, 2018년 3월 14일).

이 기사를 읽으며 세 가지를 생각해 봅니다. 첫째는, 삶의 이유
입니다. 장애는 삶 속에 큰 역경(逆境)입니다. '역경'의 사전적 의
미인 "일이 순조롭지 않아 매우 어렵게 된 처지나 환경"(표준국어
대사전)을 말할 때, 장애가 가장 실질적으로 다가오는 이유입니다.
발레리 수쉬케비치에게 소아마비는 '불행한 처지나 환경'입니다.
그런데 그는 수영을 통해 그 역경을 관리하고 극복했습니다. 그
결과 그 역경은 경력(經歷)이 되었습니다. '그저 겪어 지내온 일'
이 되었고, 누군가 앞에서 '자신을 말할 수 있는 이유'가 되었습
니다. 그는 이유의 의미를 바꾸었고, 새로운 이유는 그를 정치인
으로 성장하게 했습니다.

둘째는, 삶의 목적입니다. 그의 경력은 개인에게 그치지 않았

습니다. 그의 경력은 영향력으로 발전해서 자신과 같은 장애인들을 돌보았고, 장애인들이 스포츠를 즐길 수 있는 여건을 조성했으며, 장애인 스포츠 발전을 이끌어 내어 그의 나라는 패럴림픽 강국이 되었습니다. 그의 삶은 '아픔은 사명이다. 아픔을 아는 자가 아픔을 위로할 수 있기 때문이다', '상처는 별이 되는 데만 그쳐서는 안 된다. 빛을 발해야 한다'라고 메시지를 전하는 듯합니다.

셋째는, 삶의 눈입니다. '삶'을 '살이'하며 어떤 시각으로 바라보아야 할까요? 그는 장애인 100명 중에는 스포츠에 재능을 가진 사람이 다섯 명이 있다는 믿음을 가지고 바라보았습니다. 보통은 장애인을 바라보며 아무 가능성도 찾지 못할 수 있는데, 그의 역경을 이겨 낸 경력과 영향력을 가진 시야는 다섯 명을 찾아냈습니다. 그러고 보면 그는 보이는 보물조차 돌로 만들어 버리는 연석술사가 아니라, 가려져 있는 보물을 찾아내는 연금술사입니다. 이는 사람을 통해서 'Disabled'(사용 장애, 장애가 있는 사람들)와 'Enabled'(사용 가능, 특별한 사람들)가 구분된다는 것을 알게 해 줍니다.

누가 Disabled이고, 누가 Enabled일까요? 비록 눈에 보이는 몸의 불편함이 있을지라도 보이지 않는 '삶의 이유, 삶의 목적, 삶의 눈'을 가진 자가 진정한 'Enabled'입니다. 반면, 비록 겉으로 드러나는 모습은 멀쩡하더라도 '삶의 이유, 삶의 목적, 삶의 눈'이 없는 이들은 'Disabled'입니다.

패럴림픽 메달리스트로서 은퇴 후 패션모델과 광고 모델로 활약하다가 후에 강연가가 된 에이미 멀린스(Aimee Mullins)는 장애인 아이들에게 말합니다.

나는 장애인이 아닙니다. 내가 지금까지 해 온 일, 곧 올림픽 금메달, 패션모델, 광고 모델, 강의하는 모든 일은 다리가 없어서 가능한 것입니다. 다리가 없다는 사실은 나를 활성화(Enabled)시킬 뿐, 결코 불능화(Disabled)시키지 않습니다(김주환 교수의 '회복 탄력성' 강의 참조).

이는 삶의 역설입니다. 우리 삶에 감동을 주는 이야기는 'Disabled'한 삶 속에서 'Enabled'를 찾아가고, 찾아 주는 것이 아닐까요? 인생의 가능성이 모두 멈춰 버려 'Disabled'한 것처럼 보이는 군 생활 속에서 전지적 작가 시점으로 'Enabled'한 삶의 이야기를 써 가는 '감동 작가'와 '감동 이야기'의 주인공이 되기를 소망합니다.

연금술사의 질문

1. 다른 사람이 가진 것을 부러워해 본 적이 있습니까? 당신은 우월감과 열등감 중 어떤 감정을 더 많이 느낍니까?

2. 누군가 삶의 이유와 목적을 묻는다면 대답할 말이 있습니까? 삶을 바라보는 당신만의 '눈'(관점)은 무엇입니까?

세상은 원래 다 그런 거야

"세상은 원래 다 그런 거야!"

비가 억수같이 쏟아지던 날, 비를 피하던 동료 군종장교가 들은 말입니다. 버스에 탑승할 때는 멀쩡하던 날씨가 하차할 때는 하늘에 구멍이 뚫린 것처럼 폭우가 쏟아졌습니다. 우산을 준비하지 못한 대부분의 사람들은 하차하면서 비를 피할 곳을 찾았습니다. 다행히 정류장 근처 상가에 처마가 있었습니다.

그런데 그 처마를 본 것은 그만이 아니었습니다. 대략 여덟아홉 명 정도가 서면 꽉 찰 정도의 공간에 여러 사람이 모여들기 시작했습니다. 그렇게 하나둘씩 모여 곁에 서더니 어느새 아홉 명이 되었습니다. 더 이상 설 공간이 없어서 처마 양쪽에 있는 이들의 어깨가 비에 젖고 있었습니다.

이때 사건이 벌어졌습니다. 다른 버스가 정차한 후 아주머니 한 분이 내렸는데, 비를 피하려 황급히 그곳으로 돌진한 것입니다. 그러고는 사람들 사이를 비집고 들어와 사람들의 반응은 아랑곳하지 않고 얼굴을 철판으로 무장한 채 바쁜 척 섰습니다. 이로 인해 제일 먼저 와서 제일 바깥쪽에 서 있던 청년이 처마 바깥으로 밀려나 비를 맞게 되었습니다. 이 청년을 밀게 된 사람은 다름 아닌 동료 군종장교였습니다. 청년은 너무 어이없어하며 잠시 멍하니 아주머니를 쳐다보았고, 동료 군종장교는 머쓱해하고 있는데 들려오는 소리가 있었습니다.

"여보게, 세상은 원래 다 그런 거야!"

밀려난 청년을 보고 한 어르신이 하신 말씀입니다. 세상이 원래 그러니 젊은 사람이 상황을 받아들이라는 말이었습니다. 이 말을 들은 청년이 처마 반대편으로 뛰어갔다가 수분이 지난 후 다시 돌아왔습니다. 그리고 그의 손에는 근처 편의점에서 구입한 것처럼 보이는 우산 아홉 개가 들려 있었습니다. 청년은 비를 피하고 있는 사람들에게 우산을 하나씩 나누어 주었습니다. 그리고 "세상은 원래 다 그런 거야!"라고 하신 어르신에게 우산을 전하며 이렇게 말했습니다.

"어르신, 세상이 다 그런 것은 아닙니다."

그러고는 유유히 그 자리를 떠났습니다. 이후 우산을 건네받은 사람들은 우산을 쓰고 자신의 갈 길을 갔고, 그 어르신은 끝내 그 우산을 쓰지 못하고 계셨다고 합니다.

이 이야기를 들으며 세상을 봅니다. 남에 대한 배려는 조금도 없이 자기만 생각하는 이기적인 아주머니, 어려움당한 이를 보고 혀를 차며 자신의 논리를 정당화하려는 어르신, 내가 아니어서 다행이라고 안심하고 있는 무리, 억울한 현실에 저항하며 창조적인 대안을 가지고 우산을 나누어 준 청년. 이 등장인물 중에서 당신은 누구입니까?

오늘의 삶을 살아가며 우리는 쉽게 '내 코가 석 자다', '나만 아니면 된다', '현실이 그렇다', '어쩔 수 없다'라는 말에 설득을 당합니다. 그런데 모두 그런 것은 아닙니다. 이런 세상을 설득하며 창조적 대안을 제시하는 이들이 있습니다. 앞서 언급한 청년처럼 '아홉 개의 우산'을 들고 돌아오는 이들이 있습니다. 노멀(Normal)한 세상에 설득당하지 않고, 뉴노멀(New normal)한 세상이 있음을 설득하는 이들입니다.

사무엘 울만(Samuel Ullman)은 자신의 시 〈청춘〉을 통해 이렇게 말합니다.

청춘이란 인생의 어떤 한 시기가 아니라 마음가짐을 뜻하나니 … 청춘이란 두려움을 물리치는 용기, 안이함을 뿌리치는 모험심, 그 탁월한 정신력을 뜻하나니 때로는 스무 살 청년보다 예순 살 노인이 더 청춘일 수 있네. 누구나 세월만으로 늙어가지 않고 이상을 잃어버릴 때 늙어가나니 … 사람들과 신으로부터 아름다움과 희망, 기쁨, 용기, 힘의 영감을 받는 한 언제까지나 청춘일 수 있네 … 그러나 머리를 높이 들고 희망의 물결을 붙잡는 한, 그대는 여든 살이어도 늘 푸른 청춘이네.

겨울을 지낸 황량한 땅과 앙상한 가지에 새싹과 새 잎이 돋아나게 하는 봄철과 같은 인생을 청춘이라고 합니다. 그런데 시인은, 청춘은 나이에 달려 있는 것이 아니라, 두려움을 물리치는 용기, 안이함을 뿌리치는 모험심, 탁월한 정신력, 아름다움과 희망, 기쁨, 용기, 힘의 영감을 가진 사람이 청춘이라고 강조합니다. 저 또한 시인에게 기대어 청춘을 정의해 봅니다. 겨울이 끝이 아니라고 봄은 설득합니다. 이처럼 우리를 패배주의, 열등감, 고정관념과 편견에 '어쩔 수 없다'고 말하게 하는 현실에 '그게 전부가 아니다'라고 설득하는 이가 청춘입니다.

이런 청춘을 만납니다. 뙤약볕 아래서 훈련받으며 갈증으로 힘겨워하는 동료를 위해 자기 마실 물을 양보하며 수통을 건네주는 소대장, 산악 행군을 하며 쓰러진 동료의 군장을 대신 메고 그를 부축해서 끝까지 완주하는 상병, 전역을 연기하며 훈련과 작전을 마치는 병장, 돈 주고도 살 수 없는 포상 휴가를 후임을 위해 양보하는 선임이 그들입니다. '군대는 이기적일 수밖에 없어. 군 생활 목표는 전역이야. 너무 열심히 하지 말고 중간만 해. 군대는 다 그런 거야' 하는 말에 저항하며, 인생의 겨울처럼 느껴지는 군 생활 속에 봄이 오게 하는 이들입니다. 이들이야말로 설득당하지 않고, 설득하는 청춘들입니다.

'세상은 다 그런 거야'라는 말에 설득당한 패잔병이 아닌, '세상이 다 그런 것은 아니다'라고 저항하며 설득하는 레지스탕스가 되는 것은 어떨까요? '군대가 다 그런 것은 아니다' 하며 오늘의 삶에 질문하고, 저항하고, 변혁을 시도해서 기대와 소망이 없는 겨울 너머 봄을 품게 하는 '청춘'이 되어 보는 것은 어떨까요?

나를 설득하며, 비 갠 후의 하늘 무지개를 기대하게 하는 청춘의 한마디가 있습니다.

"세상이 다 그런 것은 아닙니다."

연금술사의 질문

1. '내 코가 석 자다', '나만 아니면 된다', '현실이 그렇다', '어쩔 수 없다'고 말했던 적이 있습니까? 어떤 상황에 그런 말을 하게 되었습니까?

2. 청춘이 가지고 있는 도전 정신으로 작은 변화를 주고 싶은 일이 있습니까? 그 일을 위해 지금 어떤 노력을 하고 있습니까?

우리를 지키는 온도

"마스크 착용하셨습니까? 출입 명부 작성해 주십시오. 정상 체온입니다."

코로나 바이러스를 겪으며 우리가 필수적으로 확인해 온 것들입니다. 이는 바이러스 확산 방지를 위해 약속한 최소한의 요건이었습니다. 이 중 마스크 착용과 출입 명부 작성은 스스로 준비할 수 있습니다. 하지만 체온 확인은 체온계가 합니다. 그래서 낯선 곳을 출입할 때면 늘 약간의 긴장을 하곤 했습니다. '열이 나는 것은 아닐까? 중간에 감염된 적은 없겠지?' 하며 체온을 측정합니다. 이후 '정상입니다' 하는 한마디는 불안했던 마음을 달래며 우리를 안심시킵니다.

정상 체온! 우리를 지키고 안심시키는 온도입니다. 그런데 정말 정상 체온이면 충분한가 하고 생각해 봅니다. 달리 말하면, 나만 정상이면 괜찮은 것일까 하는 질문입니다. 이에 코로나 바이러스는 '아니다'라고 답합니다. 그리고 우리 삶은 '나'가 전부가 아니라, 나는 '공동체'의 일부라는 것을 확인시켜 줍니다. 그러면서 '정상 체온'만으로는 우리를 지킬 수 없고, 더 중요한 온도가 있다고 말합니다. 우리를 지키는 온도는 무엇일까요?

인도의 성자 선다 싱(Sundar Singh)이 네팔 지방의 한 산길을 걷고 있었습니다. 그날따라 눈보라가 심하게 몰아쳤습니다. 그때 멀리서 한 여행자가 다가왔습니다. 두 사람은 서로 가는 방향이 같음을 확인한 후 동행자가 되었습니다. 그들은 살을 에는 추위와 거친 눈보라를 맞으며 인가(人家)를 찾기 위해 계속 발길을 움직였지만 인가는 보이지 않았습니다.

얼마쯤 걷다 보니 한 노인이 눈 위에 쓰러져 있었습니다. 선다 싱은 동행자에게 "우리 이 사람을 같이 데리고 갑시다. 그냥 두면 죽고 말 겁니다" 하고 제의했습니다. 그러자 동행자는 버럭 화를 냈습니다. "무슨 말입니까? 우리도 죽을지 모르는 판국에 저런 노인네까지 끌고 가다가는 우리 모두 죽게 될 거요." 사실 그렇긴 했지만 선다 싱은 불쌍한 노인을 그냥 둘 수는 없다고 생각했습니다.

그는 노인을 업고 눈보라 속을 한 걸음, 한 걸음씩 걷기 시작했습니다. 앞서 가 버린 동행자의 모습은 보이지 않았습니다. 노인을 등에 업은 선다 싱은 갈수록 힘이 들었습니다. 하지만 끝까지 참고 목적지를 향해 나아갔습니다. 그러는 사이 선다 싱의 몸은 땀으로 젖어 갔습니다. 선다 싱의 몸에서 더운 기운이 발산되어서인지, 등에 업힌 노인도 차츰 의식을 회복하기 시작했습니다. 두 사람은 '서로의 체온'으로 열을 얻어 조금도 춥지 않았습니다.

그리고 마침내 그들은 마을 주변에 이르렀습니다.

그때 선다 싱의 눈에 마을 입구에 한 사내가 꽁꽁 언 채로 쓰러져 있는 것이 보였습니다. 시체를 살펴본 그는 놀라지 않을 수 없었습니다. 그는 바로 자기 혼자 살겠다고 앞서가던 그 동행자였기 때문입니다. 혼자 살려고 한 동행자는 추위에 죽을 수밖에 없었지만, 업고 가더라도 함께 가고자 했던 선다 싱과 노인에게는 놀라운 기적(?)이 일어났습니다. '서로의 체온'이 살리는 에너지가 된 것입니다.

기러기들은 먹이와 따뜻한 땅을 찾아 4만 킬로미터를 날아갑니다. 혼자만 살기 위해서 날아가는 것이 아니라, 함께 살기 위해서 날아가는 것입니다. 이들은 목적지에 무사히 도착하기 위해 서로 돕고, 자신들이 맡은 역할을 감당합니다. 기러기의 편대 비행에서는 앞에 선 새가 가장 중요합니다. 기러기들은 '홍크', '홍크'라는 소리로 의사소통을 합니다. 앞장선 기러기가 '홍크'라고 외치면, 뒤에 있는 기러기들도 '홍크'라고 외치며 서로 격려합니다. 앞장선 기러기가 지치면 다른 기러기가 앞으로 자리를 바꿉니다. 뒤에 있는 기러기들은 힘을 비축했다가 다시 앞으로 나섭니다. 기러기들은 따로따로 날고 있지만 한 몸인 것처럼 날고 있는 것입니다.

극심한 생존 경쟁의 세상에서 남을 도태시켜야 내가 산다는 말이 진리처럼 보이지만, 우리 모두가 잘 살기 위한 길은 남이 잘 날아갈 수 있게 도와주는 것입니다. 이 길이 아니고는 살길이 없습니다. 아프리카 속담처럼 '혼자 가면 빨리 갈 수 있지만, 함께 가면 멀리 갈 수 있습니다'.

《위드하라》(샘앤파커스)의 저자인 김병원 전 농협중앙회장은 "똑똑한 한 사람이 지식을 독점하고 지배하던 시대는 끝났다. 4차 산업혁명과 초연결 시대로 상징되는 오늘날은 필요하다면 누구나 세상의 거의 모든 정보에 접근할 수 있으며, 그 정보를 토대로 자신의 목소리를 내는 데 주저하지 않는다. 과거 지배적 위치에서 시장을 쥐락펴락하던 기업도 같은 상황에 직면했다. 외부에서는 고객이 기업의 모든 행위를 주시하고 있고, 내부에 있는 직원들은 더 이상 윗사람들의 지시를 맹목적으로 따르지 않는다. 과거와는 전혀 다른 현실에 마주한 것이다"라고 말하며 "이런 시대에 '함께하는 것만큼 강한 힘은 없다'"고 현실을 진단하며 주장합니다. 오늘날 잘 살기 위한 길은 '위드하라'입니다(《기독일보》, 2020년 5월 2일, "혼자 가면 빨리, 함께 하면 멀리 … 혼자 헤쳐 나갈 수는 없습니다" 참조).

우리의 삶의 자리인 부대 안에는 다양한 사람들이 있습니다. 네모난 생활관에 다양한 출신, 다양한 성격, 서로 다른 학력을 가진 이들이 함께 살아갑니다. 그중에는 '정상입니다'라고 인정받지 못해서 업고 가야 할 정도로 도움이 필요한 이들이 있습니다. 우리는 그들을 어떻게 바라보아야 할까요? 동행자처럼 냉정하게 버려두고 가야 할까요, 아니면 선다 싱처럼 업고서라도 함께 가야 할까요? 우리는 선택의 순간에 직면하게 됩니다. 그 선택의 순간에 앞선 이야기에서 '서로의 체온'이 가진 의미를 떠올려 보았으면 합니다.

우리를 지키는 온도는 '서로의 체온'입니다. 이는 '나만'이라는 장벽을 넘어서 '서로'에게 다가가 업고 갈 때 생겨나는 온도입니다. 칠흑 같은 어둠 속 차디찬 밤이슬과 살을 에는 새벽바람에 오들오들 떨면서도 야간 행군을 할 수 있는 이유는, 함께 걷는 전우가 있기 때문입니다. 또한 눈꺼풀이 천근만근이지만 졸면서도 완주할 수 있는 이유는, 앞 사람의 군화 소리가 있기 때문입니다. 포기하지 않고 끝까지 내 곁을 지켜 주며 격려하는 전우의 한마디가 우리를 전진하게 합니다.

'서로'에게 다가가 사랑을 나누며 더불어 사는 지혜를 갖는 '서로의 체온'은 너무 힘들어서 불행이라 여겨질 것 같은 군 생활이라는 행군을 '행복으로 이끄는 군 생활'로 바꾸어 줍니다. 그렇게 사랑은 사랑을 낳고, 사랑은 또 사랑을 낳습니다. 힘겨운 군 생활과 코로나 바이러스의 위협에서 우리를 지키는 온도는 바로 '서로의 체온'입니다.

――――●――――

연금술사의 질문

1. 나만 괜찮으면 된다고 여기다가 공동체의 중요성을 알게 된 경험이 있습니까? 어떤 경험이었으며, 그 이유는 무엇입니까?

2. 공동체를 지키기 위해 '업고 가야 할 사람'이 있다면 누구이며, 그를 위해 당신이 하고 있는 일은 무엇입니까?

아빠와 선물

"선물보다 아빠가 좋아요!"

평생 귓전에 저장해 두고 무한 반복해서 듣고 싶은 말입니다. 불가피한 주말 부부 생활로 인해 일주일에 한 번 가족들을 만났습니다. 부대로 복귀하려 집을 나설 때마다 어린 자녀들은 묻습니다.

"아빠, 어디 가?"

"아빠, 언제 와?"

늘 주고받는 대화인데 좀처럼 익숙해지지 않습니다. 게다가 답하기도 어렵습니다. "아빠, 안 가면 안 돼?" 하며 쳐다보는 아들과 딸의 눈망울 때문입니다. 반복되는 이별이지만 '안녕'이라 말하며 집을 나설 때면 늘 가슴이 먹먹합니다.

그래서인지 집에 가는 금요일 오후만 되면 소풍을 앞둔 아이처럼 설렙니다. 퇴근 시간을 가리키는 시계를 몇 번씩 확인한 후 부리나케 서울행 열차를 타러 갑니다. 환승하는 대전역에서는 짧은 시간을 아껴 보고자 계단을 뛰어오릅니다. 그리고 튀김 소보

루로 유명한 '성심당'에 들러 잽싸게 빵을 골라 담습니다. 갓 구워 낸 따끈한 빵이 식는 것이 못내 원망스럽지만, 이 빵을 맛있게 먹을 가족들을 생각하니 신이 납니다. 이 정도면 좋은 아빠가 될 수 있지 않을까 하는 기대를 가집니다.

'딩동!' 초인종을 누르자 "아빠다!" 하는 소리가 문밖까지 들립니다. 현관문을 열고 들어가니 아들이 서 있습니다. 그래서 자신 있게 맛있는 냄새가 나는 빵 봉투를 내밀며 말합니다.

"지우야, 선물이야!"

빵을 받아들고 행복해하면서 "와! 튀김 소보루네? 부추 빵이네? 빵 먹고 싶은지 어떻게 아셨어요?" 하며 신나 하는 모습을 기대했습니다. 그런데 이게 웬일입니까? 아들의 반응은 빵 봉투를 낚아채는 것이 아니라, 제 품을 파고들어 안기는 것이었습니다. 그러더니 말합니다.

"선물보다 아빠가 좋아요!"

아들의 기분 좋은 메시지는 홀로 떨어져 지내는 아비의 눈물샘을 터뜨리고 말았습니다. 그냥 아들을 와락 껴안을 수밖에 없었습니다.

"선물보다 아빠가 좋아요!"를 바꿔서 표현해 보면, '나는 당신이 가진 것(Yours)보다 당신(You)에게 관심이 있어요'라고 할 수 있습니다. 마르틴 부버(Martin Buber)는 도구적인 관점으로 이해되어 언제든지 대체될 수 있는 일시적이고 기계적인 관계인 '나와 그것'(I-It)의 관계가 아닌, 무엇과도 바꿀 수 없는 '나'와 대체 불가능한 '너'로 깊이 신뢰하고 사랑하는 '나와 너'(I-You)의 관계를 맺어야 한다고 말합니다. 이 한마디의 말은 '외로운 기러기'의 삶을 한순간에 추운 겨울을 나기 위해 V자 대형으로 이동하는 기러기 무리의 선두에서 막중한 사명을 감당하는 '리더 기러기'의 삶으로 바꾸어 줍니다.

미국의 32대 대통령인 프랭클린 루스벨트(Franklin Roosevelt)는 젊은 날 뜻하지 않은 사고로 한쪽 다리를 잃게 되었습니다. 심히 낙심한 그는 약혼녀인 엘리너(Anna Eleanor Roosevelt)에게 묻습니다.

"내가 불구자가 되었는데도 당신은 나를 사랑합니까?"

그러자 엘리너가 답합니다.

"그럼요. 당신은 내가 그동안 당신의 성한 다리(Yours)만 사랑한 줄 알았나요? 내가 사랑한 것은 루스벨트(You)라는 사람 전부입니다."

이 한마디는 한 젊은이가 자신에게 일어난 불운(不運)을 '불가능을 넘어서게 하는 운동 에너지'로 새롭게 정의하게 했습니다.

사춘기 시절 빼어난 미모를 갖춘 여학생이 있었습니다. 그런데 그녀의 아름다움으로 인한 많은 이들의 관심이 그녀로 하여금 삶의 궤도를 이탈하게 만들었습니다. 굴곡진 시간을 보내던 그녀가 청소년 보호소에서 상담을 받게 되었습니다. 세상을 향한 그녀의 비뚤어진 시선 때문이었는지, 상담은 쉽게 이루어지지 않았습니다. 수차례 상담 교사가 바뀌었고, 그날도 새로운 교사가 그녀를 담당하게 되었습니다. 그녀는 이 남성 교사를 보자마자 그의 옆에 앉아 무릎에 손을 얹고 이렇게 말했습니다.

"아저씨, 나 예쁘죠? 아저씨도 나 갖고 싶지 않아요?"

그 순간 교사는 당황했습니다. 그동안 이 학생은 이런 식으로 행동하며 일부러 상담을 망친 것입니다. 사태를 파악한 교사가 그녀에게 말합니다.

"나는 네가 가진 것(Yours)에 관심이 있는 것이 아니라, 바로 너(You)에게 관심이 있단다."

그 말이 그녀의 오랫동안 닫힌 마음을 여는 열쇠가 되었습니다. 이 한마디는 비뚤어진 삶의 시선을 교정해 새로운 프레임을 갖게 했습니다.

"선물보다 아빠가 좋아요!", "나는 당신이 가진 것이 아닌 당신에게 관심이 있어요"와 같은 존재에 대한 관심과 따스한 말 한마디는 한 사람의 삶의 의미와 목적을 재해석하게 합니다. 이전과는 전혀 다른 관점으로 세상을 보고, 삶이라는 도화지 위에 꿈과 도전이라는 스케치를 하게 합니다. 자신이 누구인지를 강조하며 자신이 가진 것으로 스스로를 증명하고 마음속의 공허함을 채우려는 노력은 밑 빠진 독에 물을 붓는 것처럼 끝이 없습니다. 반면 존재에 대한 관심과 진실한 관계는 새로운 삶을 살아가게 하는 원동력이 됩니다.

군대는 '실험실'입니다. 젊은 남성들이 국방의 의무를 감당하며 머리를 짧게 자르고, 같은 옷을 입습니다. 나이, 빈부(貧富), 학력을 초월해서 다소 강요된 보편성을 갖습니다. 이 보편성이라는 리트머스 시험지에 대한 반응은 세 가지로 나타납니다. 첫째는, '내가 가진 것'을 더 이상 주장할 수 없는 것에서 오는 자신감 추락과 자아 존중감 상실, 둘째는, 계급 사회의 특징을 기반으로 '기-승-전-계급'을 통한 자기 증명, 셋째는, 육체적·심리적 한계선 위에서 경험하는 타인의 존재에 대한 이해와 관심입니다. 특별히 세 번째 반응은 보편성이 강요된 상황 속에서 개인의 고유성의 의미를 살필 수 있는 성숙의 발판이 됩니다.

세 번째 결과를 보이는 이들에게 군대는 '화실'(畫室)입니다. 그들은 시인 정현종이 말한 "사람이 온다는 건 실은 어마어마한 일이다 … 한 사람의 일생이 오기 때문이다"라는 관점을 가지고 입대 전 자신이 몰랐던 세계에 대한 영감을 얻으며, 함께하는 동료에 대한 인간애라는 붓을 듭니다. 그리고 전우의 '희로애락'(喜怒哀樂)을 관찰하며 인생 스케치를 도와줍니다. 때로는 자신이 '가진 것'이라는 물감으로 색을 입히기도 합니다.

한 용사는 칠흑같이 어두운 밤 초소 근무를 함께 서며 말합니다. "지금은 '깜깜함'이지만, 나중은 '찬란함'이다."

그러니 포기하지 말자며 그만의 4B연필을 들고 스케치합니다. 한 소대장은 "내 인생은 막장입니다"라고 주장하는 부하를 위해 자신의 사비를 털어 온라인 강의를 등록시킵니다. 한 대대장은 신병 면담에서부터 자신은 검은색 도화지라고 하는 용사에게 '명령'이라는 날카로운 칼끝으로 스크래치를 냅니다. 후에 알록달록 숨겨진 존재의 색을 발견하며 함께 눈물을 흘립니다. 한 중

사는 돈이 없어 힘들고 괴롭지만 다시 시작할 수 있다며, 기구했던 자신의 험난한 인생 이야기를 통해 데칼코마니를 시도합니다.

군대를 '감옥'과 같이 여기고, 군인의 존재는 오직 '쓸모'로만 이해된다고 하지만 다 그런 것은 아닙니다. 군대가 '화실'이 되기도 합니다. 존재에 대한 관심과 사랑을 전하는 화가와 디자이너들이 있기 때문입니다. '선물'(소유, Yours)보다 '아빠'(존재, You)에게 더 관심을 갖는 어린아이의 마음을 회복하며, 신이 우리에게 준 삶이라는 기회를 군대라는 '화실' 속에서 선용해 보는 것은 어떨까요?

연금술사의 질문

1. 당신의 소유보다 당신의 존재에 관심을 가져 주는 사람은 누구입니까? 그렇게 생각하는 이유는 무엇입니까?

2. 당신이 관심을 기울이고 싶은 세 명은 누구입니까? 그들에게 지금 해 주고 싶은 말은 무엇입니까?

'단독 군장'에서 '완전 군장'으로

"대대장님! 이번 행군은 완전 군장을 한 채로 완주하겠습니다."

훈련을 지휘하던 대대장님이 개인 사정으로 힘겨워했던 한 용사에게 "이번에 행군 잘 완주할 수 있지? 힘들면 이야기해라"라고 말하자 그 용사가 건넨 대답입니다. 대대장님은 그 대답을 듣고 흐뭇한 미소를 지으며 그 용사를 격려하셨습니다. 이후 대대장님에게 혹시 특별한 사연이 있는지를 여쭈었습니다. 그러자 지금까지 그 용사의 군 생활과 변화에 대해 요약해 주셨습니다.

무엇이든지 힘겨워하던 이가 조금씩 자신의 일에 책임을 지고 힘을 내고 있다는 이야기입니다. 그리고 그 용사에게 물을 때 이번 행군을 '단독 군장'(전투 복장에 군장 가방 없이 15킬로그램 이하 장비 착용)으로라도 꼭 완주했으면 하는 바람을 가지고 있었는데, 그 용사가 자신의 생각 이상으로 '완전 군장'(전투 복장에 군장 가방을 포함해서 60킬로그램 이하 장비 착용)을 다짐한 것이 참 고맙고 흐뭇하셨다고 합니다. 이 대화를 곱씹어 생각하던 중 훈련장 주변 논밭을 거닐던 검독수리 떼가 하늘로 날아올랐습니다.

군장이란 전투를 하기 위한 물품을 말합니다. 군장은 크게 '단독 군장'과 '완전 군장'으로 구분합니다. 단독 군장은 일반 부대 훈련 및 근무 시 착용하는 형태의 보편적인 군장을 말하며, 완전 군장은 단독 군장 상태에서 전투복, 전투화, 모포, 침낭, 전투식량, 세면도구 등이 들어간 배낭을 멘 상태를 의미합니다. 보통 군인들은 '완전 군장'이라는 말에 약간의 공포감을 느낍니다. 추가적으로 메는 배낭에는 부대와 특기별로 차이가 있지만, 약 열일곱 개 정도의 장구류가 40킬로그램 이내의 무게를 지니고 있기 때문입니다. 쉽게 말하면 쌀 한 포대를 지고 이동하는 것입니다. 즉 그만큼 힘들고 어렵다는 것을 의미합니다. 그런데 대대장님이 관심 갖던 용사가 단독 군장이 아닌 완전 군장을 스스로 선택한 것입니다. 이 용사의 모습이 '솔개에 관한 우화'와 겹쳐졌습니다.

솔개는 70세의 수명을 유지한다고 합니다. 이를 위해 40세가 되었을 때는 고통스럽지만 매우 중요한 결단을 해야 합니다. 솔개가 40세가 되면 발톱이 무뎌져서 사냥감을 효과적으로 낚아챌 수 없을 뿐만 아니라, 부리가 점점 자라면서 가슴을 찌르고 무거워져 창공을 날기가 어려워지기 때문입니다. 이때 솔개에게는 두 가지 선택이 있을 뿐입니다. 그대로 죽을 날만 기다리든가, 아니면 반 년 동안 갱생의 훈련을 선택하는 것입니다.

갱생의 길을 선택한 솔개는 정상으로 올라가 둥지를 짓고 뼈를 깎는 훈련을 시작합니다. 먼저는, 부리로 바위를 쪼아 부리가 깨지고 빠지게 합니다. 그러면 서서히 새로운 부리가 돋아납니다. 그런 후 새로 돋은 부리로 발톱을 하나하나 뽑아냅니다. 그리고 새로 발톱이 돋아나면 이번에는 날개의 깃털을 하나하나 뽑아냅니다. 이렇게 약 반 년이 지나 새 깃털이 돋아난 솔개는 완전히 새로운 모습으로 변신하게 됩니다. 그리고 다시 힘차게 하늘로 날아올라 30년의 수명을 더 누리는 것입니다.

물론 생태학적 사실은 아닙니다. 실제로 솔개의 수명은 24년 정도라고 합니다. 그리고 발톱이 새로 나지도 않습니다. 그럼에도 이 우화를 통해 '환골탈태'(換骨奪胎) 결심의 중요성을 알려 주는 교훈을 얻습니다.

우리의 삶을 생각해 봅니다. 우리는 늘 편한 대로 '단독 군장'의 삶을 살 수도 있지만, 때로는 '완전 군장'을 결단해야 할 때도 있습니다. 어쩌면 훈련의 시간은 훈련에 임하는 자들에게 큰 짐처럼 느껴질 수 있습니다. 그러나 이 훈련의 시간을 통해 언제, 어디서나 싸워 이길 수 있는 용사로 거듭나게 됩니다. 또한 각 개인에게는 자신의 한계를 넘어서는 도약의 시간이 됩니다. 비록 혼자서는 감당하기 어렵더라도, 전우들과 함께하면 감당할 수 있다는 사실을 배우게 됩니다.

어떤 이는 군 생활의 지혜라면서 '중간만 하면 된다', '요령이 살길이다'라고 조언합니다. 하지만 '중간'만 하면 성장이 없고, '요령'을 피우다 보면 변화가 없습니다. 민간인이 군인이 되기 위해서는 반드시 훈련이 필요합니다. 그러므로 조금은 편할 수 있는 '단독 군장'만을 바라기보다, 힘을 내어 '완전 군장'을 결심해 보는 것은 어떨까요? 그 결단이 성장과 성숙을 향한 '입구'(入口)이고, 우화 속의 솔개가 수명을 연장해서 다시 태어나 비상하듯 새로운 삶을 살 수 있게 하는 '정도'(正道)입니다.

---●---

연금술사의 질문

1. '요령이 살길이다', '중간만 하면 된다'라고 조언하는 이에게 해 주고 싶은 말은 무엇입니까?

2. 지금 '단독 군장'에 만족하지 않고 솔개처럼 변화하고 성장하기 위해 어려움을 자처하며 준비해야 하는 '완전 군장'은 무엇입니까?

4부 ―――――― 병장

사람 인(人)을
배우다

넘어져도 '전역'(轉役)하여 '역전'(逆轉)

넘어졌습니다. 평창 동계올림픽 여자 쇼트트랙 3,000미터 계주에서 초반 3위를 유지하던 이유빈 선수가 넘어졌습니다. 그 결과 메달을 기대하던 한국 팀은 최하위가 되었습니다. 그런데 이를 본 해설자가 말합니다.

"괜찮습니다. 아직 초반입니다. 페이스를 잃지 않고 끝까지 완주하면 해낼 수 있습니다."

이 응원의 소리를 들었는지 선수들은 빠른 대처 능력을 보여주며 레이스에 임했고, 결국 1위로 결승선을 통과했습니다. 게다가 4분 6초 387이라는 올림픽 기록을 세웠습니다. 경기 후 김예빈 선수는 인터뷰 중에 "서로를 믿었기에 위기에 대처할 수 있었습니다. 빨리 대처하려고 했습니다. 평소 연습에서 준비했던 것입니다"라고 말하며 소감을 전했습니다.

경기가 끝나자 아들이 말합니다.

"아빠! 쇼트트랙 선수들이 넘어져서 더 긴장감을 가지고 경기에 최선을 다했기에 1위를 하고, 올림픽 기록을 세운 것 아닐까요? 우리나라 선수가 넘어졌기 때문에 다른 나라 선수들이 자신의 페이스를 잃어버리고 속도를 높여서 우리나라가 이긴 것 아닐까요?"

인생을 영어로 'LIFE'라고 합니다. 그리고 이 단어의 중앙에는 'IF'(만약 -라면)가 있습니다. 아들의 물음은 충분히 고려해 볼 만한 IF임에 틀림없습니다.

심리학자 캐롤 드웩(Carol Dweck)은 연구를 통해 자기 존재에 관한 두 가지 믿음이 있음을 이야기합니다. 하나는, 자기 자신을 고정적으로 바라보는 것입니다. 예를 들어, 지능과 성격은 변하지 않으므로 모든 사람은 타고난 대로 고정된다고 생각하는 것입니다. 이를 '고정형 사고방식'이라고 합니다. 반대로, 지능과 성격도 변하며, 노력만 한다면 모든 사람은 변한다고 믿는 것입니다. 이를 '성장형 사고방식'이라고 합니다.

'넘어짐', 즉 실패에 대해 '고정형'은 자아에 위협을 느낍니다. 실패한 과제를 피하거나, 그 과제 수행은 내 능력으로는 불가항력적이라고 말합니다. 반면 '성장형'은, 실패는 그야말로 성장을 위한 과정일 뿐이라고 생각합니다. 실패로 더 많은 것을 배우고 성장합니다. 결과적으로 실패가 문제가 아니라, 실패를 해석하는 관점이 중요하다고 말합니다.

앞의 경기를 보며 오늘의 삶을 살아가는 용사들을 떠올립니다. 군 입대 전 '넘어짐'의 경험을 한 이들이 있습니다. 수능 시험, 연애, 취업 등에서 실패한 것입니다. 넘어진 것입니다. 나는 주저앉아 있는데 다른 이들은 저만치 앞서가 있는 듯합니다. 이들에게 힘주어 말해 주고 싶습니다.

"괜찮아. 아직 초반이야. 페이스를 잃지 말고 끝까지 완주하는 거야!"

해설자가 소리치며 말하는 것처럼, 제 삶의 자리에 있는 이들에게 소리쳐 주고 싶습니다. 이 마음으로 이들이 주저앉아 있는 자리에서 일어날 힘을 달라고 간절히 기도합니다. 그리고 오늘의 삶을 살아갈 때 '성장형 사고방식'을 가지고 오늘을 보고, '믿음'을 잃지 않고 경기를 완주하길 바라며 기도합니다.

쇼트트랙 경기 후 한 신문에 '넘어져도 올림픽 신기록'이라는 기사가 났습니다. 그냥 올림픽 신기록보다 더 임팩트 있고 감동적이었습니다. '넘어짐'으로 오게 된 군대지만, 이곳에서 새로운 관점을 가지고 '전역'해서 끝까지 달린 인생 이야기가 '역전'의 스토리로 쓰이기를 바랍니다.

━━━●━━━

연금술사의 질문

1. 당신은 고정형 사고방식과 성장형 사고방식 중 어떤 방식에 익숙합니까? 그렇게 생각하는 이유는 무엇입니까?

2. 성장형 사고방식을 가지고 끝까지 완주하고 싶은 목표는 무엇입니까? 또 이를 가능하도록 격려해 주는 존재는 누구입니까?

혹한기를 이겨 내는 사람의 온도

"혹한기 훈련을 하면서 기적이 일어났습니다."

저는 영문을 모른 채 무슨 일이 있었느냐고 물었습니다.

"기온이 영하 19도까지 하강해서 가장 추웠던 날, 난방 장비 없이 24인용 천막 내부 기온을 15도 올려 영하 4도로 지냈습니다."

점점 궁금해져 어떻게 올렸는지를 물었습니다.

"저희 부대원 40명이 24인용 천막에서 한데 모여 취침을 하였습니다. 그러자 각자의 열기로 인해 온도가 15도 올라갔고, 막강 추위도 버틸 만했습니다. 기적 같은 일입니다."

따로따로 있을 때는 추위 앞에 한없이 작아지던 체온이 한데 모여서는 모두를 따뜻하게 하는 온도가 되었습니다. 여러 개 챙겨 간 핫팩보다 더 많은 온도를 올려 준 것은 바로 '사람의 온도'였습니다. 이 일은 그 형제로 하여금 흥분하게 했고, 그 형제에게 혹한기 훈련의 추억 한 조각이 되었습니다. 이 이야기를 들으며 물리적인 체온 36.5도가 아닌 '사람의 온도'를 생각하게 되었습니다.

이와 반대되는 이야기가 있습니다. 양희은 씨가 부른 〈작은 연못〉이라는 노래의 내용입니다. 깊은 산 오솔길 옆에 자그마한 연못 하나가 있습니다. 지금은 더러운 물만 고이고 아무것도 살고 있지 않지만, 옛날에는 이 연못에 예쁜 붕어 두 마리가 살고 있었습니다. 그런데 어느 날, 갑자기 붕어끼리 서로 물어뜯고 싸우더니 결국은 한 마리가 죽어 물 위에 떠오르고, 그 죽은 붕어의 살이 썩어 들어가기 시작했습니다. 그러자 연못의 물도 같이 따라 썩어 들어갔고, 이긴 줄 알았던 붕어, 영원히 혼자서만 잘 살 줄 알았던 붕어도 죽고 말았습니다. 이로 인해 지금은 더러운 물만 고이고 아무것도 살지 않게 되었다는 것입니다.

'남을 사랑하는 자는 자기 자신을 사랑하는 것이고, 남을 돕는 것이 결국은 자기 자신을 돕는 것이다'라는 말이 있습니다. 그런데 이 말은 반대의 경우에도 타당합니다. 즉 다른 사람을 미워하는 것이 결국은 나 자신을 미워하는 것이요, 남을 죽이면 결국 나도 죽는다는 사실입니다. 혼자 살려고 할 때 사람의 온도는 하강합니다. 하강한 온도는 개인과 사회를 혹한기로 접어들게 합니다.

《언어의 온도》(말글터)의 저자인 이기주 작가는 '사랑이란 말은 어디에서 왔을까?'라는 글을 통해 자신의 경험을 담은 메시지를 전합니다.

어제는 노트북을 켜고 '사람'을 입력하려다 실수로 '삶'을 쳤다. 그러고 보니 '사람'에서 슬며시 받침을 바꾸면 '사랑'이 되고, '사람'에서 은밀하게 모음을 빼면 '삶'이 된다 ... 세 단어가 닮아서일까. 사랑에 얽매이지 않고 살아가는 사람도, 사랑이 끼어들지 않는 삶도 없는 듯하다.

'사람, 삶, 사랑'이라는 닮은꼴 글자를 통해 사람은 사랑하며 사는 존재이고, 사람을 살게 하는 것은 사랑이라는 것을 알게 합니다. '사랑.' 어쩌면 이것이 '사람의 온도'가 아닐까 생각해 봅니다.

극심한 생존 경쟁의 세상에서 남을 죽여야 내가 산다는 말이 진리처럼 보이지만, 우리 모두가 잘 살기 위한 길은 서로를 잘 살게끔 도와주는 것입니다. 혹한기 훈련 중 가득 챙겨 간 핫팩은 언젠가 소진됩니다. 가장 좋은 핫팩은 함께하는 전우입니다. '사람의 온도'가 핫팩보다 낫습니다.

사회적 온도 하강으로 독감에 걸려 있는 이들이 있습니다. 신앙의 독감에 걸려 제자리를 잃어버린 이들도 있습니다. 사회는 미래 지향적으로 변해 가는데 나만 변하지 않는 것 같아 홀로 혹한기를 보내는 이들도 있습니다. 이때 '서로 더불어', '한꺼번에 같이'라는 뜻의 '함께' 의식을 가지고 사랑하며 사람의 온도를 올려 보면 어떨까요? 기도 제목을 요청하고, 고민거리를 들어 주고, 필요를 채워 주고, 함께 시간을 보내면서 말입니다.

인생의 혹한기, 신앙의 혹한기에는 '사람의 온도'가 필요합니다. 혹한기를 이겨 내는 '사람의 온도' 15도. 오늘을 살며 기적과 같이 올려 보았으면 합니다.

연금술사의 질문

1. 냉혹한 경쟁 사회 속에서 사람의 따뜻함을 느껴 본 적이 있습니까? 언제, 누구를 통해 그런 경험을 했습니까?

2. 주변에 혹한기를 경험하고 있는 이들이 있습니까? 그들에게 사람의 온도를 높이기 위해 지금 할 수 있는 일은 무엇입니까?

'직'(職)보다 중요한 것은 '업'(業)이다

한 목사님이 "'모든 것이 끝날 날이 온다, 인생의 결산, 직장의 결산의 날이 누구에게나 온다'는 것을 아는 것이 지혜요, '끝나고 난 후의 삶은 지금, 이 자리에 있는 동안 준비하는 것이다'를 기억하는 것이 지혜입니다. 오늘밖에 없습니다. 내일이면 늦습니다. 이것을 아는 것이 지혜입니다"라고 설교했습니다. 군인으로서 이 이야기는 '내가 가진 계급과 직책을 통해 어떻게 살아야 할까, 한정된 시간 동안 군 생활을 어떻게 의미 있게 할 수 있을까'를 고민하게 합니다. 이 메시지를 들은 누군가는 '현역 때에 충성!'이라고 짧고 굵게 정리했습니다.

이는 '직업'이라는 단어의 의미를 되새기게 합니다. 이 단어는 벼슬 또는 직분을 뜻하는 '직'과 일, 학문, 생계 등을 뜻하는 '업'이라는 글자가 합성어로 이루어진 것입니다. 많은 사람이 '직'에 굉장한 관심을 기울입니다. 대부분은 '직'이 삶의 목표이기도 합니다. 어릴 적 꿈에 대해 물어보면 '대통령이 되는 것', '과학자가 되는 것', '돈을 많이 버는 것' 등으로 답합니다. 군인들은 눈에 보이는 계급장을 보며 진급에 마음을 쏟습니다. '그게 되면 무엇을 할 것인데'라고 물어보면 그때가 되어 봐야 안다고 답합니다. 그들의 꿈은 변화무쌍합니다. 또 '직'에만 관심을 갖게 되면 수단과 방법을 별로 가리지 않습니다. 그런데 그렇게 얻은 '직'으로 하는 것이 무엇입니까? 수단과 방법에 대한 보상을 채우기 급급한 모습입니다. '많이 베풀었으니 많이 거두어야 한다'는 식으로 말입니다.

반면 지혜 있는 사람은 '업'을 목적으로 합니다. '무엇을, 어떻게, 왜 할 것인가'에 목적이 있으며, 이를 이루기 위해 달음박질합니다. '얼마나 영향력 있는 삶을 살 것인가? 어떻게 책임 있고 의미 있는 삶을 살 것인가?' 하는 것을 끊임없이 고민하며 순간순간 최선을 다해 살아갑니다. 그러니 겸손할 수밖에 없습니다. 이런 사람들이 지나간 자리는 아름다운 이야기와 생명의 열매가 그들의 흔적처럼 남겨져 있습니다.

이를 수력 발전소에 비유해 보면, '직'은 위치 에너지입니다. 그리고 '업'은 운동 에너지입니다. 위치 에너지는 아무런 영향도 끼칠 수 없습니다. 그러나 그 위치 에너지가 운동 에너지로 전환되면 전기가 발생되어 도시에 불을 밝히고, 정지되어 있던 곳에 동력을 제공해 줄 수 있습니다. 끊임없이 '직'을 갈아타기 위해 내일을 바라보면 늦습니다. 오늘, 지금 맡겨진 나의 자리에서 '업'을 수행할 때 새롭게 주어진 '직'에서도 충성할 수 있는 것입니다. '직'보다 더 중요한 것은 '업'입니다. 저에게는 군인 목사직이 주어졌습니다. 그보다 더 중요한 것은 '어떤 군인 목사가 될 것인가' 하는 것임을 가슴에 새겨 봅니다.

KFC 창업주인 커넬 샌더스(Harland David Sanders)는 "나는 녹이 슬어 사라지기보다 닳아 없어지기 원한다"는 말로 열정적인 삶에 동기부여를 합니다. 이것이 '직'을 얻기 위한 노력에 적용되는 것을 넘어 '업'을 이루는 이유가 되기를 소망해 봅니다.

상명하복 위계질서의 군대 문화를 살아가는 데 있어 지혜 있는 삶을, 현역 때의 충성을, 위치 에너지를 운동 에너지로 변환하는 삶을 소원하며 '삶의 기도, 노동의 기도'를 드립니다. '직'보다 '업'에 충실한 것이 '현역의 때에 충성'하는 것입니다.

연금술사의 질문

1. 당신의 꿈은 무엇입니까? 그 꿈은 '직'과 '업' 중에서 어디에 더 비중을 두고 있습니까?

2. 주변에 '직'과 '업'의 조화를 이루며 선한 영향력을 끼치고 있는 이가 있습니까? 있다면 누구입니까? 그렇게 생각하는 이유는 무엇입니까?

보상 심리로 살까, 빚을 갚으며 살까

병영 문화 개선을 언급할 때는 '병영 내 악·폐습 척결'이 단골 메뉴로 언급됩니다. 이런 악습과 폐습을 대할 때 사람들은 보통 네 가지로 반응합니다.

1. 묵묵히 참고 넘긴다.
2. 적극적으로 개선하려고 노력한다.
3. '나만 당해서는 안 된다'고 생각하고 다른 사람에게 시전한다.
4. 상황 또는 환경 그 자체를 회피한다.

이 중에서 세 번째에 해당하는 것을 보상 심리(Compensation mentality)라고 합니다. 용사들 간 갈등의 뿌리에는 '내가 일병일 때는 이만큼 힘들었으니 너희들도 당해 봐야 한다'는 심리가 있습니다.

'보상 심리'의 사전적인 정의는 없습니다. 통례적으로 "사람은 일정한 행동을 취하면 그에 부합되는 대가를 받고 싶어 한다. 행동의 주체를 어려운 환경에서 벗어날 수 있도록 도와주는 유익한 보상을 원할 수도 있지만, 그것을 받지 못하면 반대로 복수하는 부정적인 행동으로 바뀔 수 있다. 이를 통틀어 '보상 심리'라고 한다"(나무위키 참조)라고 이해합니다.

일반적으로 힘겨운 군 생활 속에서 '피해 의식'이라는 입구로 들어온 마음은 건강하게 관리되지 못할 경우 '보상 심리'라는 출구로 나와서 행동으로 표출됩니다. 이등병 시절에는 병영 문화를 개혁하고 혁신시킬 것처럼 이야기하던 용사들이 병장이 되어서는 언제 자신이 그런 말을 했느냐는 듯이 행동하며 "개구리 올챙이 시절 모른다"는 속담이 참이라고 느끼게 합니다.

'보상 심리'와 유사하지만 조금 다른 해석을 해 볼 수 있는 단어가 있습니다. 그것은 '빚'(Debt)입니다. '빚'은 "남에게 갚아야 할 돈. 꾸어 쓴 돈이나 외상값 따위를 이른다" 또는 "갚아야 할 은혜 따위를 비유적으로 이르는 말"(표준국어대사전)이라는 의미를 가지고 있습니다. 사전적 의미로 볼 때 '보상 심리'는 타인으로부터 받아 내겠다는 측면이 강하다면, '빚'은 타인에게 갚아야 한다는 점을 좀 더 부각시키고 있습니다.

기독교에서는 '빚진 자'라는 표현을 사용합니다. 죄로 죽을 수밖에 없는 인간은 하나님이신 예수 그리스도의 십자가 희생을 통해 구원을 얻게 되었으므로 갚을 수 없는 큰 빚을 진 존재라는 의미입니다. 그래서 바른 신앙을 가진 이들은 자신이 가진 것을 통해 사회와 이웃을 위해 '빚'을 갚아 가는 삶을 살아갑니다. 내가 잃어버린 것을 받아 내겠다는 것이 아니라, 내가 진 빚을 갚겠다는 세계관으로 살아갑니다.

광고인으로 성공 가도를 달리다가 사재를 털어 복음을 광고하는 사단법인 '복음의전함'을 세워 사역하는 고정민 이사장은 말합니다.

1만 원을 빌렸으면 1만 원을 갚아야 합니다. 빚은 갚아야 하는 것입니다. 그런데 저는 구원이란 큰 은혜를 입었기에 제가 가진 재능과 달란트로 그 빚을 갚아 가고 있습니다.

알버트 슈바이처(Albert Schweitzer)는 신앙인으로서 주위 사람의 고통을 보면서 유복하게 사는 자신의 삶을 빚으로 여겨, 자신이 가진 지식과 부를 가지고 가난한 이들을 돌봄으로써 마음의 빚을 갚으며 살았습니다.

그렇다면 우리는 어떻게 '보상 심리'를 극복하고 '빚진 자'의 삶을 살아갈 수 있을까요? 첫째, 예수님의 황금률을 기억하는 것입니다.

"남에게 대접을 받고자 하는 대로 너희도 남을 대접하라"(눅 6:31).

둘째, 《논어》에서 공자가 말하는 것처럼 "기소불욕 물시어인"(己所不欲 勿施於人), 즉 내가 하고 싶은 것이 아니면 다른 사람에게 시키지 않는 것입니다. 셋째, 역지사지(易地思之)의 실천, 곧 타인과 입장을 바꿔 생각해 보는 것입니다. 넷째, 내게 없는 것이 아니라, 내가 가지고 있는 것에 감사하며 은혜를 기억하는 것입니다.

《미움 받을 용기》(인플루엔셜 역간)의 저자인 고가 후미타케와 기시미 이치로는 "그래. 인간관계를 '보상'이라는 관점에서 보면, 내가 이만큼 줬으니까 너도 이만큼 줘 라고 바라게 되네. 물론 그건 과제의 분리와는 동떨어진 발상이지. 우리는 보상을 바라서도 안 되고, 거기에 연연해서도 안 되네"라고 인생 조언을 건넵니다. 모두가 힘겨워하는 광야 생활인 군 생활을 하는 동안 '보상 심리'로 살기 쉽습니다. 이때 서로에 대한 빚진 마음을 가지고 전우들에게 하루에 한 가지씩 빚을 갚아 가면, 우리의 병영은 어떻게 변할까요?

---●---

연금술사의 질문

1. '피해 의식'으로 인해 '보상 심리'를 느끼거나 그것을 행동으로 표출한 적이 있습니까? 언제, 무엇 때문에 그랬습니까?

2. '빚'을 갚으며 살기 위해 당장 실천할 수 있는 일은 무엇입니까? 지금 있는 곳을 조금 더 나은 곳으로 만들기 위해 변화를 주고 싶은 것은 무엇입니까?

짬과 짬

전역을 얼마 앞두지 않은 형제들과 대화를 나눌 기회가 있었습니다. 이때 "목사님, 이제 왕고입니다. 짬이 많이 찼습니다"라는 대화가 오갔습니다. 이야기를 나누며 특별히 인상 깊게 들린 단어가 있으니 그것은 바로 '짬'입니다.

'짬'은 일반적으로 세 가지 의미를 가지고 있습니다. 첫째는, '여유 시간'의 다른 말입니다. 이것이 가장 보편적인 의미입니다. 둘째는, '군대에서 먹는 밥'을 '짬'이라고 합니다. 여기서 확장되어 짬을 많이 먹을수록 군대 경험이 자연스럽게 쌓인다는 의미로 '경험치'라는 뜻으로도 사용됩니다. 셋째는, 짬밥을 버리는 행위를 '짬'시킨다고 하며, 여기서 의미가 확장되어 어떤 물건을 버리거나 사건을 묻어 버리는 행위를 '짬'이라고 합니다.

군 생활 7년차로 집회 찬양 밴드를 담당할 때였습니다. 당시 3년차 후배 목사가 베이스 기타를 연주해 주었습니다. 후배 목사가 집회 셋째 날 아침에 "목사님, 아침 식사는 어디서 하죠?"라고 물었습니다. 이미 식당에 대해서는 공지가 되어 있는지라 "지하 식당에서요"라고 대답했습니다. 그러자 그는 "저희가 짬이 될까요?" 하며 물었습니다. 저는 이 질문을 '선배 목사님이 계신 지하 식당에서 까마득한 후배가 같이 식사할 수 있느냐'는 의미로 이해했습니다. 그래서 저는 걱정하지 말라고, 당연히 가능하다고 대답했습니다. 그러자 그는 제게 "연습할 시간이 부족한데 아침을 먹고 와도 될까요?"라고 되물었습니다. 저는 '짬'을 '경험치'라고 이해했고, 후배 목사가 전달하고자 한 의도는 '여유 시간'이었습니다.

'짬'이라는 같은 단어를 주고받았는데 이해하는 바가 달라 대화가 엇갈렸습니다. 대화를 곱씹어 보니 저 자신이 부끄러워졌습니다. 후배 목사가 식사하러 간 사이에 '왜 나는 짬이라는 말을 여유 시간이 아니라 경험치라고 생각했을까?' 하며 '자문자답'(自問自答)해 보았습니다. 결론은, 저 스스로 '짬'이 좀 된다고 생각한 결과입니다. 상황과 질문의 내용을 이해하려 하지 않고 쉽게 저의 경험치를 가지고 판단한 것입니다.

문득 두려운 마음이 들었습니다. 경험은 분명 좋은 것이지만, '짬'이라는 것에 고착되어 내 생각만 하고 고집을 부리게 된다면 지혜 없는 자가 되어 버릴 것이기 때문입니다. 다른 사람의 이야기를 겸허히 들으려 하지 않고 '짬'을 앞세우는 자가 되어 불통의 대명사가 될까 두려운 마음이 들었습니다.

군 생활을 하다 보면 대부분의 이야기가 '기-승-전-전역', '기-승-전-여자 친구' 혹은 '기-승-전-짬'으로 흘러갑니다. 너무 쉽게 이러한 문화에 익숙해지지 않았으면 합니다. 짬(경험치)만을 자랑하는 삶이 아니라, 짬(여유 시간)을 가지고 함께하는 이들의 이야기를 들으며 깊은 교제를 나누는 것은 어떨까요? 짬(경험치)을 가지고 이웃의 삶의 질을 향상시켜, 짬(여유 시간)을 주는 삶을 살기로 결심해 보는 것은 어떨까요?

---●---

연금술사의 질문

1. '짬'(경험치)이 된다는 이유로 상대방의 이야기를 경청하기보다 자기 식으로 해석해서 오해를 하거나 실수한 경험이 있습니까? 그 내용은 무엇입니까?

2. 관계는 시간과 물질을 통해서 가꿔진다고 합니다. 오늘 '짬'(여유 시간)을 의도적으로 내어 삶의 질을 향상시켜 주고 싶은 대상은 누구이며, 당신만의 방법은 무엇입니까?

낙엽 단상

의무 복무를 하는 대한민국 군인에게 눈(雪)이란 무엇일까요? 기쁨? 밝음? 낭만? 기대? 한 용사가 다가와 말합니다.

"목사님! 하늘에서 쓰레기가 내립니다."

'쓰레기'는 "비로 쓸어 낸 먼지나 티끌, 또는 못 쓰게 되어 내다 버릴 물건이나 내다 버린 물건을 통틀어 이르는 말"(표준국어대사전)이라고 합니다. 하늘에서 내리는 눈은 5분 로맨틱하다가 5분 후면 여지없이 쓰레기로 변해 버립니다. 왜냐하면 눈은 곧 치워 버려야 할 대상이 되기 때문입니다.

눈 말고 또 조심해야 할 것이 있습니다. 바로 낙엽입니다. 전역하는 용사들은 떨어지는 낙엽(?)도 조심해야 합니다. 그런데 가을날 울긋불긋 단풍이 들기 시작하면 걱정이 되기 시작합니다. 바로 낙엽 걱정입니다. 하룻밤만 지나면 수북이 쌓이는 낙엽도 5분 로맨틱하다가 5분 후면 치워야 할 대상으로 변합니다.

단상 1. 어떻게 보고 있는가

나무가 무성하게 우거진 부대 중앙로는 단풍이 들면 한 폭의 그림 같습니다. 다만 앞서 언급한 낙엽의 특성으로 인해 군 생활하는 이들은 아름다움은 인지하지만, 누리기는 어렵습니다. 그런데 한 자매는 이를 마음껏 누립니다. 연신 스마트폰 셔터를 누르며 셀카를 완성해 갑니다. '#완전예쁨 #만추 #그런데군부대' 이 모습을 보며 우리네 삶의 해석학의 기초는 외부적 환경보다 나의 내적 상태에 있다는 것을 깨닫게 됩니다. '만족해서 감사하는 것이 아니라, 감사해서 만족하는 것이다', '충족되어서 누리는 것이 아니라, 누리기에 충족되는 것이다' 하는 메모를 끄적여 봅니다.

단상 2. 정말, 자신만만한가

용사들이 아침 점호를 마치고 무수히 떨어져 있는 낙엽을 치웁니다. 빗자루로 쓸고, 삽으로 퍼냅니다. 때로는 광풍기를 둘러메고 센 바람으로 낙엽을 밀어냅니다. 그렇게 낙엽이 깨끗하게 치워진 줄 알았습니다. 그때 갑자기 센 바람이 불어와 나무를 흔들어 댑니다. '후두두둑' 하며 낙엽이 눈처럼 쏟아집니다. 앞쪽을 치웠는지, 뒤쪽을 치웠는지 구분이 가지 않습니다. 용사들이 하던 일을 멈춥니다. 정적이 흐릅니다. 욕이 나올락 말락합니다.

허무, 허탈, 허망함이란 이런 것일까요? 이 일이, 이 정적이 남의 일 같지 않습니다. 변화를 꿈꾸며 시간, 돈, 열정을 들여 최선을 다합니다. 그런데 생각하지 못했던 정책의 변화, 관심과 관점이 다른 후임자와의 인수인계, 내 능력을 벗어난 상황 변화 등으로 다 이룬 것 같은 일들이 수포로 돌아가는 것을 경험합니다. 때로는 노력했다고 외부적으로 다 인정받는 것이 아닐 때도 있습니다. 수고와 땀이 있었지만 '너는 뭐 했느냐'는 이야기를 듣기도 합니다. 그래서 '실력'과 '운'(천운[天運], 관운[官運], 행운[幸運])은 함께 가야 하는 것이고, 사람의 일은 재주나 노력보다 운에 달려 있어 '운칠기삼'(運七技三)이라 하며 운도 실력이라고 강조하나 봅니다. 그래서 하늘 아래 인생은 겸손해야 합니다.

단상 3. 정말 헛된가

바람에 떨어진 낙엽 앞에서 너무 쉽게 '헛되고, 헛되다'는 전도서 말씀을 읊조리며 한 형제에게 다가가 말을 건넵니다.

"어떡하면 좋냐?"

"그러게 말입니다. 짜증 납니다"라는 말을 기대하고 물었습니다. 그런데 의외의 답변이 돌아옵니다.

"목사님, 우리가 한 일이 헛된 것은 아닙니다. 낙엽을 치우지 않고 그냥 내버려 두면 나중에 더 고생합니다. 지금은 쉽게 쓸어 낼 수 있지만, 쌓여서 나중에 떡이 되거나 뭉치면 치우기가 훨씬 더 어렵습니다. 비록 바람에 원상 복구된 것처럼 보이지만, 치운 것은 잘한 일입니다."

참 맞는 말입니다. 지금 내 앞에 있는 낙엽을 쓸어 낸 것은 헛된 일이 아니라, 다음을 위한 또 다른 준비일 수 있습니다. 종종 실패나 실수를 경험하면 다 끝난 것처럼 여기고, 노력했는데 틀어지면 포기하며 인생무상을 노래합니다. 여기에 한 번 더 물어야 하지 않을까 생각해 봅니다.

'정말 끝일까, 아니면 내가 끝이라고 믿고 싶은 걸까?'

《축적의 시간》(지식노마드)의 공동 저자 중 한 명인 이정동 서울대 산업공학과 교수는 한국 산업, 한국 사회의 문제로 '실수를 용인하지 않는 문화'를 지적합니다. 그는 강조합니다.

실수 없는 축적의 시간은 없으며, 실수와 실패를 통해 쌓은 경험 없이는 새로운 것을 만들어 갈 수 없고, '퍼스트 무버'(First Mover: 신산업 개척자)는 절대로 될 수 없다.

목사의 내면에 울림을 준 용사의 눈동자를 떠올리며 다짐합니다.

'나는 오늘 하나님께서 주신 나만의 축적의 시간을 보내고 있다. 너무 쉽게 무상을 노래하지 말자!'

●

연금술사의 질문

1. 객관적으로 아름다워 보이는 '눈과 낙엽'이 내 처지와 형편에 따라서 '쓰레기'처럼 여겨질 수 있다는 견해에 동의합니까? 지금 그렇게 귀찮고 힘들게 여겨지는 것은 무엇입니까?

2. 아무도 알아주지 않아도 '축적의 시간'을 신뢰하며 꾸준히 하고 있는 일이 있습니까? 그 일은 어떤 것이며, 지속하는 이유는 무엇입니까?

뭉툭한 나사못

"나사가 박히지 않습니다, 목사님!" 하며 군종병 형제가 저를 물 끄러미 쳐다봅니다. 사무실 파티션 고정 작업을 하던 중 나사못 을 박는 일이 잘 안 된다는 것입니다. 순간 마음속에 숨겨져 있던 꼰대 기질이 스멀스멀 올라옵니다.

'요즘 친구들은 해 보지도 않고 안 된다고 하네. 힘든 일은 해 보지도 않고 커서 나사못 하나도 고정시키지 못하는구나. 쯧쯧.'

그래서 말합니다. "형제! 드라이버와 나사못 나한테 줘 봐! 내 가 할게" 하며 장비를 건네받습니다. 속마음은 '보고 좀 배우길 바란다. 안 되는 게 아니라 생각과 노력을 안 한 거야' 입니다.

그런데 이게 웬일입니까? 아무리 돌려도 나사가 고정되지 않 는 것입니다. 저를 집중해서 쳐다보고 있는 형제의 부담스러운 눈빛에 너무 민망해졌습니다. 힘이 모자란 듯해 더 세게 누르며 다시 시도했습니다. 하지만 나사못이 헛도는 것은 매한가지였습 니다. "아, 이것 참 안 되네. 왜 이러지? 뭐가 문제지?" 하며 말이 많아집니다. 제 곁에서 뭐라도 더 배워 보겠다고 서 있는 형제가 너무 부담되어 진땀이 삐질삐질 났습니다.

원인은 나사못입니다. 흘끗 볼 때는 반짝거리는 새 못이어서 아무런 이상이 없었습니다. 그런데 자세히 살펴보니 뾰족하게 있어야 할 나사못 끝부분 핀이 뭉툭하게 마모되어 있었습니다. 아주 미세한 결함입니다. 하지만 이로 인해 작업을 진행할 수 없었고, 반짝반짝 윤이 나는 나사못은 보기에는 참 좋았지만 쓸모없는 못이 되어 버렸습니다. 아주 작은 차이가 작업 결과의 성패를 좌우한 것입니다. 그리고 의문의 1패로 얻은 민망함과 창피함은 제 몫이었습니다.

이 잊을 수 없는 경험은, '나사못은 아무리 오래되어도 뾰족하면 쓸모가 있고, 아무리 반짝거려도 뭉툭하면 쓸모가 없다'는 것을 가르쳐 주었습니다. 그런데 이 나사못이 우리네 삶과 닮아 있습니다. 사회에서든 군에서든 삶의 촉이 살아 있어야 합니다. 그래서 두 가지를 생각해 봅니다.

첫째, 나사못은 뾰족해야 유용(有用)합니다. 뭉툭한 것이 뾰족해지기 위해서는 깎이는 아픔을 견디는 과정이 필요합니다. 어쩌면 군 생활은 깎이는 시간입니다. 네모난 생활관에서 나와 살아온 여정, 생활 방식, 취미 활동, 언어 표현이 다른 선임병 및 후임병들과 살아 내야 합니다. 전에는 나와 맞는 이들과 아닌 이들을 내가 선택해서 살아왔는데, 이제는 살라고 명령한 대로 살아야 합니다.

집단생활을 하며 나 중심의 삶이 공동체 중심의 삶으로 바뀌어 갑니다. 전에는 나와 다르면 틀린 것이라고 단정 지었습니다. 나보다 못하면 무시하고 살았습니다. 이제는 어쩔 수 없이 내몰린 삶을 살아가며 타인을 이해하고 포용해 갑니다. 야간 초병 근무를 서는 동안 캄캄한 어둠 속에 빛나는 별을 보며 한 인생의 이면과 배경에 관해 이야기를 나누는 가운데 전우를 사랑하는 법을 배웁니다.

부족함은 무시하는 것이 아니라 채워 줘야 하는 것이고, 연약함은 질책하는 것이 아니라 도와줘야 하는 것이며, 허물은 들춰내는 것이 아니라 감춰 줘야 하는 것임을 알아 가며 함께 살아가는 법을 터득합니다. 그래서 충성은 입에서 나오는 '구호'가 아니라 마음에서 우러나는 '울림'이라는 것을 깨닫습니다. '그래도 국방부 시계는 돈다'라는 말을 진리처럼 입에 달고 살지만, 시간은 가지 않는 것 같으면서도 결코 제 속도를 늦추는 법이 없음을 알아, 군 생활의 고생을 긍정하면서 '견딤의 자세'를 가지고 연단됩니다.

이런 용사들은 나라의 위기 상황과 큰 훈련을 앞두고 전역을 연기하며 전우들과 함께합니다. 간식 위문을 다 하지 못해 안타까워하는 군종목사에게 최전방 GOP 근무자는 "목사님! 저희는 간식 없어도 됩니다. 보급품으로 충분합니다. 말씀하신 대로 이 나라의 방어선을 지키고, 기도로 영적 방어선을 구축하겠습니다"라고 말하며 울림을 줍니다. 어쩌면 아무도 봐 주거나 알아주지 않아도, 뾰족한 날이 서 있는 용사들의 '충성'이 나라를 유용하게 합니다.

둘째, 뭉툭한 나사못은 무용(無用)합니다. 아무리 비싸고 반짝거리는 새 못이어도 뭉툭하면 쓸모가 없습니다. 모두에게 공평하게 주어진 '18개월의 시간'이라고 해서 모두가 연단되는 것은 아닙니다. 어떤 이들은 마모되어 뭉툭하게 변해 버리기도 합니다.

프랑스의 소설가 폴 부르제(Paul Bourget)는, "생각하는 대로 살지 않으면 결국에는 사는 대로 생각하게 된다"고 말합니다. 내가 주도적으로 선택하지 않은 의무 복무는 우리를 부지런한 게으름뱅이로 만듭니다. 날마다 무언가를 하고 있지만, 새로운 기대와 생각할 마음을 사라지게 만들기 때문입니다. 게다가 녹록하지 않은 현실은 우리의 날 선 검과 같던 '초심'(初心)을 잊어버리거나 타협하게 만듭니다.

이등병 생활을 시작하면서는 "목사님! 저는 선임들처럼 살지 않겠습니다. 제가 선임이 되면 후임들이 행복한 군 생활이라고 말할 수 있게 하겠습니다"라고 말합니다. 군대 개혁의 기수인 것처럼, 남들과는 다른 고고한 학인 것처럼 이야기합니다. 하지만 어느 순간 그 초심은 온데간데없고 "어쩔 수 없다. 군대는 전역이 최고다"라고 스스로 합리화하며 많은 이들에게 상처를 줍니다.

〈백종원의 골목식당〉과 〈백종원의 푸드트럭〉이라는 프로그램으로 알려진 백종원 대표가 장사를 처음 하다가 방송을 통해 기회를 얻어 매출을 올리고 있는 출연자들에게 한 조언이 의미 있습니다.

장사를 처음 시작해 첫 손님을 맞이하던 마음을 잊지 마십시오. 제가 처음 손님을 맞이했을 때 하나님을 만나는 것 같았습니다. 많이 설레고, 그 손님에게 최상의 요리와 서비스를 제공하리라는 다짐도 했습니다. 하지만 손님이 많아지면 첫 마음이 사라지기 시작합니다. 그런데 이 첫 마음이 사라져 손님이 오는 것이 당연하게 여겨지고 설레지 않게 되면 장사가 망하기 시작하는 것입니다.

첫 손님을 대하는 마음을 유지해야 장사가 번창할 수 있다고 합니다. 손님을 하나님처럼 모셔야 사업이 발전할 수 있고, 이 마음이 무뎌지면 퇴행하고 소멸하게 된다는 것입니다. 그러므로 우리의 삶의 이야기를 써 가는 연필심을 늘 초심과 같이 유지해야 합니다. 늘 본질이라는 정수(精髓, Essence)를 세면 후 에센스를 바르는 것처럼 날마다 발라야 합니다.

"새로운 나사못으로 해 보자!"

"목사님! 드디어 완성되었습니다."

그렇게 해도 해도 고정되지 않던 파티션 작업이 너무 쉽게 마무리되었습니다.

나사못은 새것으로 바꿀 수 있지만 우리네 인생은 교체 선수가 없습니다. 다만 도끼질을 열심히 하는 것보다 중요한 것은 도끼날을 가는 것임을 기억해, 오늘의 삶에 적극적으로 부딪혀 가며 견디면 유용한 삶을 살아갈 수 있습니다. 또한 익숙함이라는 명제 아래서 헛바퀴만 돌고 있는 무용한 삶을 반복하는 것이 아니라, 수려한 언변과 기술은 없어도 투박한 열정과 설렘이 있던 첫 마음을 잃어버리지 않기 위해 몸부림치면 군 생활의 정수를 보여 줄 수 있습니다. 뭉툭한 나사못을 리폼(Reform)하는 기회는 언제나 오늘입니다.

●

연금술사의 질문

1. 열심히 노력하는데 잘 안 풀렸던 경험이 있습니까? 왜 그런 결과가 나왔다고 생각합니까?

2. 무용한 존재가 아니라 유용한 삶이 되기 위해 리폼해야 할 부분은 무엇입니까? 이를 위해 지켜야 할 초심은 무엇입니까?

핫팩 세 개

"핫팩 세 개면 됩니다! 하나는 침낭 속 발밑에, 하나는 허리 아래에, 하나는 목 주변에 두고 주무시면 됩니다."

군 생활 첫 혹한기 훈련에 임하는 초임 군종목사에게 짬 되는 상병 군종병이 훈련 노하우(?)를 전수해 주었습니다. 그날 밤 8인용 텐트에서 저와 군종병 두 명이 취침했습니다. 생각 이상의 추위로 인해 넓은 텐트는 쾌적하고 좋기보다 원망스럽기만 했습니다. 침낭에 들어가 눈을 붙여도 분 단위로 눈이 떠져서 무거워진 눈꺼풀과 매서운 추위와 전투를 치러야 했습니다. 이 전투를 승리로 이끈 것은 바로 '핫팩 세 개'입니다. 핫팩이 발산하는 열기는 혹한의 추위를 견디고 잠을 이룰 수 있게 해 주었습니다. 핫팩 덕분입니다.

군인들에게 혹한기(酷寒期) 훈련은 동계 악조건 극복과 필승 (必勝)의 자신감 고취를 위해 실시하는 훈련입니다. 이 훈련을 할 때마다 '혹한의 추위를 견디는 훈련일까, 아니면 추위를 극복하기 위해 대비하는 훈련일까' 하는 의문이 듭니다. 이 질문에 대한 경험적 대답은 '그냥 버티자, 잘 버티자'입니다. 그리고 이를 위해 꼭 필요한 아이템이 바로 핫팩입니다. 핫팩이 없는 혹한기 훈련은 상상할 수 없습니다. 핫팩은 혹한의 추위를 견디고, 임무를 완수할 수 있게 해 줍니다.

핫팩은 손바닥만 한 크기로 40-70도로 열을 내는 손난로입니다. 겉 포장지를 개봉한 후 속에 있는 핫팩을 꺼내어 충분히 흔들고 손으로 부드럽게 쥐었다 놓았다 하면 발열이 됩니다. 이것을 주머니나 장갑 안쪽 또는 옷 속에 넣어서 사용합니다. 훈련 간에는 방한복 혹은 숙영 시 침낭에 넣고 잡니다. 혹한기 훈련 중 이 핫팩의 필요성과 사용법을 되새기며 오늘의 삶을 반추(反芻)해 봅니다.

우리 인생에도 핫팩이 필요합니다. 혹한의 추위도 핫팩이 있으면 견딜 수 있습니다. 군 생활이라는 심리적 사선을 건너 마음의 혹한기를 경험하고 있을 때, 내 이야기를 들어 주는 누군가 또는 누군가가 내미는 따스한 손길은 우리에게 핫팩이 되어 줍니다. 실패와 외로움이라는 터널을 통과하고 있을 때 전해 듣는 진심 어린 한마디는 핫팩이 되어 '터널을 지나면 별이 보인다'는 사실을 발견하게 합니다. 또한 포기와 절망이라는 소낙비를 맞고 있을 때 누군가 다가와 그 비를 함께 맞으며 손 붙잡고 드리는 기도는 핫팩이 되어 해 뜰 날을 소망하게 합니다.

이런 핫팩 같은 존재가 우리 주변에 많았으면 좋겠습니다. 뿐만 아니라, 누군가 우리에게 다가오기 전에 우리가 먼저 다가가 누군가에게 핫팩이 되어 주는 것은 어떨까요? 용사들에게 조금이나마 핫팩의 역할을 해 주고자 훈련장에 뜨거운 캔 커피 위문을 갔습니다. "군종목사가 돈이 없지, 사랑이 없는 것은 아니다"라는 말을 증명하기 위해 캔 커피를 한 시간 이상 중탕으로 데웠습니다. 제가 추운 날 훈련하는 장병들에게 핫팩이 되어 주기 위함입니다. 그런데 반전은, 반가워하고 밝게 웃으며 훈련의 의지를 다지는 장병들이 오히려 제게 핫팩이 되어 주었다는 것입니다.

우리는 이 핫팩을 통해 배워야 합니다. 핫팩은 가만히 내버려 두면 아무 열기도 나지 않습니다. 핫팩을 터뜨려서 마구 흔들어 주어야 합니다. 그래야 열이 나고 우리를 따뜻하게 해 줍니다. 그런데 핫팩의 입장에서 생각해 봅니다. 가만히 있는 자신을 흔들어 대는 것은 참 귀찮고, 싫고, 어려운 일입니다. 하지만 핫팩의 사명은 더욱 많이 흔들어져서 열을 내는 것입니다. 열이 나지 않으면 그냥 버려지고 말 것입니다.

때로는 이 핫팩처럼 우리의 삶이 깨지고 흔들릴 때가 있습니다. 수많은 교육과 훈련은 늘 달갑지 않고, 두렵고, 괴롭습니다. 그러나 그렇게 준비된 지식과 전문성은 누군가를 살리고 훈훈하게 하는 귀한 도구와 기회를 제공합니다. 핫팩이 자신의 사명을 다하며 흔들림을 견디듯이 견디면, 소망과 실력이라는 열기로 주변 사람들을 훈훈하게 해 주게 됩니다.

군인은 핫팩과 닮았습니다. 군인은 사람들이 '원하는 일'을 하는 것이 아니라, 아무도 알아주지 않아도 '해야만 하는 일'을 위해 존재합니다. 이를 위해 많이 깨지고, 수없이 흔들립니다. 그 결과는 국가의 안전을 보장하고, 사랑하는 이들의 안녕을 지키는 것입니다. 그래서 정약용은 《목민심서》에서 "군대는 백 년 동안 사용하지 않더라도, 하루도 준비를 하지 않으면 안 된다"고 말합니다. 그리고 독일의 명장 에르윈 롬멜(Erwin Romme) 장군은, "사령관이나 군대가 병사들에게 해 줄 수 있는 가장 큰 복지는 '훈련'이다"라고 주장합니다. 병사들의 인기에 영합해서 훈련을 게을리 했다가 전쟁에서 전멸하는 것보다, 병사들의 불평과 원성이 가득해도 강인한 훈련을 통해 실전에서 승리하게 하는 것이 중요하다는 의미입니다. 군인은 훈련되어야 하고, 핫팩은 흔들려야 합니다. 군인과 핫팩의 존재 이유는 '나'를 위한 것이 아닌 '너'를 위한 것이기 때문입니다.

혹한기처럼 마음이 추워질 때면 핫팩과 같은 이들이 많이 생각납니다. 뜨거운 눈물을 하염없이 흘리며 기도하시는 어머니, '사랑한다'는 상투적인 말조차 어색해서 아무 말도 하지 않지만 당신만의 언어로 사랑을 표현하시는 아버지, 군 생활을 끝까지 함께하자며 편지와 메시지를 보내는 여자 친구, 훈련소 앞까지 동행하며 군 생활을 응원하는 친구들이 그렇습니다. 그 외에도 전에는 나만 생각하고 앞만 보느라 보지 못했던 많은 핫팩들이 떠오릅니다.

그래서 군인은 단 18개월만이라도 핫팩처럼 살기로 결심합니다. 경건해집니다. 지금까지 '나' 중심으로 앞만 보고 살다가 '너'를 위해 '나'의 시간을 희생하는 법을 배워 가기 때문입니다. 수많은 훈련과 외로움에 흔들려도 '악으로! 깡으로!', '피할 수 없으면 즐기자', '안 되면 되게 하라!', '내 생명 전우와 함께' 하면서 견디고 버팁니다. 오늘 우리가 두 다리 쭉 뻗고 잠을 잘 수 있는 것은 수없이 흔들리는 젊은이들이 무수히 흘리는 피와 땀, 끊임없이 애쓰는 수고와 노력, 가슴 시리게 하는 외로움과의 씨름의 총합이 발하는 열기 때문입니다.

핫팩과 군인을 생각하며 잠시 눈을 감아 봅니다.

'나에게 있어 핫팩 같은 이들은 누구인가?'

'나는 핫팩처럼 흔들리며 열을 내고 있는가?'

'나는 누구를 위한 핫팩이 될 것인가?'

인생의 혹한기를 지날 때 세 개의 핫팩이 있어야 한다면, 그중에 하나는 꼭 내가 되겠다고 다짐해 봅니다.

연금술사의 질문

1. 핫팩처럼 깨지고 흔들려 본 경험이 있습니까? 그 경험을 통해 배우고 성장한 점은 무엇입니까?

2. 인생의 혹한기를 견디게 하는 핫팩 세 개와 같은 존재는 누구입니까? 당신은 누구에게 핫팩과 같은 존재가 되고 있다고 생각합니까?

연금술사 vs. 연석술사

한 젊은 청년이 있습니다. 이 청년은 성인이 된 이후 여행을 떠나기로 작정합니다. 자신 앞에 어떤 길이, 어떤 만남이 펼쳐질지도 모른 채 기대와 소망을 가지고 길을 떠납니다. 한참을 걷다 보니 어느덧 어둠이 몰려왔습니다. 칠흑 같은 어둠에 앞에는 강이 가로막고 있습니다. 그의 의지와 상관없이 어둠과 강으로 인해 더 이상 전진할 수 없어 그는 발걸음을 멈추어야 했습니다. 청년은 '그래, 이곳에서 오늘 밤을 보내야겠구나' 생각하며 누울 자리를 찾습니다. 아무것도 보이지 않아서 강변에 자리를 잡고 눕습니다.

잠을 청하려고 하는데 그의 잠을 방해하는 것이 있습니다. 돌무더기입니다. 하필 잠을 청한 곳 바닥에 잔돌이 깔려 있습니다. 그 돌들은 그를 귀찮게 했고, 아프게 했습니다. '아, 하필이면 이런 곳에 자리를 잡다니' 하면서 손에 잡히는 돌마다 강에 던져버립니다. '에이! 에이!' 그러고는 대충 정리된 것 같아 잠을 청합니다.

캄캄했던 밤이 지나고 아침이 왔습니다. 아침이 되자 청년은

206

깜짝 놀랍니다. 지난 밤 자신의 잠을 방해했던 돌들이 돌이 아니었다는 사실을 알게 되었기 때문입니다. 그러면 무엇이었을까요? 밤새 짜증내면서 힘겹게 골라 던졌던 것들은 돌이 아니라 황금 덩어리였습니다. 이제 황금 덩어리는 조금밖에 남아 있지 않습니다.

이 청년의 마음이 어땠을까요? 겨우 몇 개 남아 있는 금덩어리에 만족했을까요, 아니면 밤새 던진 황금 덩어리를 아까워했을까요? 분명 땅을 치고 후회하며 아까워했을 것입니다. 후회가 정리되지 않은 채 살다 보면 자살 징후를 보이거나 우울증에 시달릴지도 모릅니다. 이것을 비유하자면, 마치 로또를 샀다가 이제 사행심(射倖心)을 버리고 성실하게 살아 보자고 생각하며 찢어 버렸는데, 다음 날 보니 1등 당첨 번호인 것을 안 것과 같을 것입니다.

이 이야기 속에 나오는 청년은 누구일까요? 바로 나라의 부름을 받고 군 생활을 감당하고 있는 젊은이들입니다. 누구나 인생이라는 여행을 시작합니다. 가야 할 방향과 꿈을 정확히 알고 가는 사람이 있는가 하면, 아직은 희미하고 잘 모르겠지만 일단 전진하는 이들도 있습니다. 하지만 누구에게나 발걸음을 멈출 수밖에 없게 하는 '어두운 밤'과 가야 할 길을 막는 장애물인 '강'이 나옵니다.

국방의 의무는 숭고합니다. 다만 군대를 오고 싶어서 온 사람은 별로 없습니다. 대부분 해야만 하는 의무를 감당하려 하거나,

끌려왔다고 말합니다. 그렇기에 군 생활을 캄캄한 어둠으로 표현합니다. 그리고 의무 복무라는 강을 만나 18개월의 시간을 보내기 위해 멈추어 바닥에 눕습니다.

이때 등에 배기고, 귀찮게 하고, 아프게 하는 것들이 있습니다. 그것은 바로 전우들과의 만남입니다. 전에는 같은 생각, 같은 취미 및 비슷한 생활 방식을 가지고 있던 친구들과 지냈다면, 이제는 나와 다른 사람들과 생활관에서 동거해야 합니다. 또한 유독 힘들게 하거나 관심을 가져야 할 이들이 오면 더욱 그렇습니다. 그래서 만남이라는 것이 귀찮고, 아프고, 힘겨우니까 '전역하면 안 볼 사람'이라고 하며 그냥 집어 던지는 이들이 있습니다.

그런데 분명한 것은, 이야기 속의 청년처럼 우리에게도 아침이 온다는 것입니다. 아침이 오면 청년처럼 후회하는 이들이 있을 것입니다. 반면 어떤 이들은 자신이 가지고 있는 황금 덩어리를 보며 보람을 느끼기도 할 것입니다. 이 황금 덩어리는 무엇일까요? 바로 우리 곁에 있는 전우이고 '만남'입니다. 그래서 톨스토이는 인생의 세 가지 질문에서 "인생에서 가장 중요한 시간은 지금이고, 가장 중요한 일은 지금 하고 있는 일이며, 가장 중요한 사람은 지금 만나고 있는 사람"이라고 했습니다. 지금은 가장 중요한 '금'(金)입니다. '군에서의 만남'은 나의 선택이 아닌, 신이 우리에게 짝지어 준 황금 덩어리입니다.

돌을 황금으로 만드는 사람을 '연금술사'(鍊金術師)라고 합니다. 그런데 굳이 돌을 황금으로 만들지 않더라도 황금을 황금으로 바로 볼 줄 안다면 그 사람 또한 연금술사라고 할 수 있습니다. 군에서의 만남이라는 황금 덩어리를 제대로 알아보고 귀하게 여길 수 있다면 그는 진정 연금술사입니다. 반면, 황금 덩어리와 같은 귀중한 만남을 소홀히 여김으로 인해 돌덩어리로 만들어 버리는 경우가 있는데, 황금을 돌로 만드는 이런 사람은 '연석술사'(鍊石術師)라고 할 수 있습니다.

바라기는, 푸른 제복을 입고 군 생활을 하는 젊은이들이 모두 연금술사가 되었으면 합니다. 우리에게 밤이 지나고 아침이 되었을 때 큰 기쁨과 유익을 이루는 사람이 되었으면 합니다. 당신은 연금술사입니까, 아니면 연석술사입니까?

---●---

연금술사의 질문

1. '다시는 안 볼 사람'과 '황금 덩어리 같은 사람'을 각각 세 명씩 선정해야 한다면 누구를 꼽을 수 있습니까? 그렇게 꼽은 이유는 무엇입니까?

2. 톨스토이가 말한 가장 중요한 시간인 '지금', 가장 중요한 일인 '지금 하고 있는 일', 가장 중요한 사람인 '지금 만나고 있는 사람'에 대해 연금술사로 살고 있습니까, 아니면 연석술사로 살고 있습니까? 그렇게 생각하는 이유는 무엇입니까?

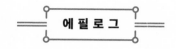

2008년 1월 3일, 세계 권투 챔피언이자 '비운의 복서'로 불리던 최요삼 씨가 영원히 잠들었습니다. WBO 플라이급 인터콘티넨탈 타이틀 1차 방어전 최종 12라운드에서 도전자 헤리 아몰(Heri Amol)의 오른손 스트레이트에 턱을 맞고 쓰러진 뒤 일어섰으나, 판정승이 선언된 뒤 정신을 잃었고, 안타깝게 뇌사 판정을 받았습니다. 이후 고인의 뜻에 따라 각막 두 개, 신장 두 개, 심장 등을 여섯 명에게 장기 기증했습니다. 이 일이 매스컴을 통해 알려졌고, 많은 이들이 진한 감동과 선한 영향을 받았습니다. 그리고 그는 '아름다운 챔피언'으로 기억되었습니다.

이 소식을 듣고 새벽 기도를 하던 중 또 다른 '아름다운 챔피언들'이 떠올랐습니다. 남이 알아주든지 알아주지 않든지 한결같은 마음으로 자신의 자리를 지키는 이들, 하고 싶은 일이 아니어도 해야만 하는 일을 위해 마땅한 책임을 지는 이들, 말이 아닌 행동으로 충성을 보여 주는 이들, 바로 군복을 입고 조국을 지키고 있는 군인들입니다. 최요삼 선수는 자신의 장기를 내어 줌으로써 여섯 명의 생명을 살렸다면, 군인들은 나라를 위해 '젊음'이라는 '푸른 심장'을 이식한 존재들이라고 고백되었습니다. 이후 군인은 제게 '젊음이라는 푸른 심장을 나라를 위해 이식한' 거룩한 존재들입니다.

당시에는 속상했습니다. 우리나라에서는 병역이 의무이기에 많은 사람이 젊은이들의 희생을 당연시하거나 소홀히 여겼습니다. 또 군 생활을 썩는 시간이라고 여기는 분위기가 팽배했습니다. 이는 군 생활에 대한 부정적인 프레임(Frame)이 되었고, '깨진 유리창 이론'에 등장하는 깨진 유리창처럼 군 생활의 의미를 해석하는 마음의 창이 산산조각 났습니다. 결국 프랑스의 소설가 폴 부르제의 말처럼, "생각하는 대로 살지 않으면 결국에는 사는 대로 생각하게 된다"의 결과를 가져오게 되었습니다.

징병제의 현실에서 군 생활을 마냥 '인내심과 정신력을 향상하는 시간', '단체 생활을 배우는 때', '철이 들고 책임감을 기르는 기회'라고 낙관적으로 말할 수는 없습니다. 다만 누군가 깨어진 마음의 창을 치워 주고 새로운 시각으로 해석할 수 있도록 도와준다면, 젊은 날의 위기로 여겨지는 군 생활이 새로운 만남과 기회의 장(場)이 될 것입니다. 그래서 그들의 삶을 읽기로 했습니다.

젊음이라는 푸른 심장을 나라를 위해 이식한 '아름다운 챔피언'인 군인들이 예수님처럼 보였습니다. 주변의 '시선'을 의식하기보다는 주어진 '사명'을 위해 나아가고, '자신'만을 위함이 아니라 '공동체'의 평화를 위해 최선의 삶을 살아가는 모습이 인류의 구원을 위해 십자가를 지신 예수님과 많이 닮아 있습니다. 십자가가 고통스럽고 힘겨운 일임에 분명하지만 반드시 필요하고 어리석은 일이 아니듯, 군 생활에 숨겨진 의미를 찾았습니다. 새벽 미명에 습관처럼 기도하셨던 예수님, 가르치고, 선포하고, 치료하셨던 그분처럼 자신의 삶의 자리에서 바른 생각과 태도를 견지하고 전우들을 돌보며 성장하는 네 가지 '인'을 배웠습니다.

읽었습니다.

거룩한 존재들의 삶을.

찾았습니다.

그들의 삶의 의미를.

배웠습니다.

네 가지 '인'이라는 연금술을.

읽고, 찾고, 배우는 과정은 깨진 유리창을 갈아 끼우고, 긍정적인 삶의 프레임과 능동적인 내일을 꿈꿀 수 있도록 도와주었습니다. 그리고 그 과정이 생각한 대로 살아갈 수 있는 힘을 길러 준다는 사실을 확인했습니다. 다르게 생각하면(Think different), 다른 행동을 하게 되고(Do different), 다른 삶을 살게 됩니다(Live different). 그리고 '다름'은 칠흑 같은 어둠처럼 보이던 군대에서 수동적 삶을 당연시하며 살았던 이들이 '내 일을 하고, 내 꿈을 찾아, 내일을 열도록' 작동합니다. 저는 이렇게 내일을 찾았던 이들을 연금술사라고 부릅니다. 무익하고 쓸모없는 '돌'과 같은 군 생활을 삶의 변화를 이루는 '금'과 같은 디딤돌로 바꾸어 낸 아름다운 챔피언들이기 때문입니다.

저는 젊음이라는 푸른 심장을 나라를 위해 이식한 장병들이 모두 '군복 입은 연금술사'가 되기를 간절히 바랍니다. 하나의 과정을 마치듯 전역할 때 '정말 힘든 군 생활이었지만 보람 있었다. 성장과 성숙의 시간이었다'고 말할 수 있기를 소망합니다. 무엇보다 간절히 바라는 것은, '눈앞에 있는 내일'이 열리는 것에 안주하는 것이 아니라 '영원한 내일'(Eternity)을 발견하는 것입니다. 오늘 내 삶의 의미는 나보다 더 큰 창조주 하나님께 달려 있음을 알아, 할 '일'만 하는 삶이 아니라 영원히 흔들 수 있는 깃발과 같은 '소명'(Calling)을 찾는 것입니다. 온 세상이 자기만을 보며 '내 꿈'만 이루고자 할 때, 깨어진 세상을 바라보며 '우리의 꿈'(Vision)을 이루는 이들이 되는 것입니다. 한마디로 인생의 처음과 나중이 되시며, 참된 복음(Good News)이자 인생의 진리가 되시며, 인생의 깨어진 유리창을 바꿔 주시는 예수님을 궁금해하고, 예수님을 만나 행복했으면 합니다. 이것이 정말 제가 하고 싶은 이야기입니다.

마지막으로 감사의 말을 남기고 싶습니다. 군복 입은 연금술사의 삶에 대한 지혜와 소망을 주며 동고동락했던 장병들이 있었기에 이 글을 쓸 수 있었습니다. 군종목사 사역을 곁에서 묵묵히 도와주었던 동역자 군종병들, 군인교회 공동체 식구들, 군종부 팀원들이 있었기에 미력하나마 누군가에게 유익을 끼칠 수 있는 목사 역할을 하며 부대를 섬길 수 있었습니다. 졸고를 정성스럽게 읽고 응원해 준 로고스서원 김기현 사부님과 학우들 덕분에 '책 쓰기'라는 무모한 도전을 할 수 있었습니다. '나이는 숫자에

불과하다'는 사실을 증명하며 선교적 열정을 보여 주시는 온누리교회 강찬석 장로님의 독려와 사랑이 큰 힘이 되었습니다. 무명의 초보 작가의 글을 읽고 편집해서 책으로 만들어 준 두란노서원이 있었기에 꿈이 현실이 될 수 있었습니다. 모두에게 깊이 감사드립니다. 그리고 언제나 내 곁에서 '또 다른 나'가 되어 주는 동반자, 내 편, 평생의 친구인 사랑하는 아내 임은진에게 감사하며, 날마다 설렘을 선사하는 아들 지우와 감동을 주는 지민에게 고맙다는 인사를 남깁니다. 마지막으로 이 책을 끝까지 읽어 준 새로운 연금술사인 당신과 조국의 현실을 등지지 않고 책임을 지는 미래의 군 장병들에게 감사드립니다.

부록 – 기도문

행군

방독면

수류탄

구급법

사격

군장

진급

휴가

인식표(認識票)

유격 훈련

혹한기 훈련

면회

초병 근무

병과 구호

견장(肩章)

전역

행군

주님! 무거운 군장을 짊어지고 행군합니다.
소풍인 줄 알고 나섰으나, 녹록지 않은 현실입니다.
짓누르는 어깨끈은 살을 파고들고,
메고 있는 소총은 거추장스럽습니다.
발바닥은 열이 나고, 오백 원 동전만 한 물집이 잡힙니다.
그런데 어느 것 하나 버릴 수도, 포기할 수도 없습니다.
모두 감당해야만 하는 것들입니다.
'10분간 휴식!' 소리에 숨을 돌리고,
서로 격려하는 '파이팅!' 소리에 힘을 얻으며,
캄캄한 어둠 속에서도 가야 할 길을 가는 소리를 들으며
졸음을 뚫고 걷습니다.
혼자는 도저히 감당할 수 없는 일인데,
함께하는 이들의 '함성', 함께 걷는 이들의 '격려',
사랑하는 이들의 '기도'가 감당하게 합니다.
저로 군장의 무게를 버티게 하소서.
저로 곁에 있는 이들의 소리를 듣게 하소서.
저로 행군을, 인생의 행군을 완주하게 하소서.
이 일이 날마다 새로운 이야기의 소재가 되게 하소서.
예수님의 이름으로 기도합니다.
아멘.

방독면

주님! 숨이 막힙니다.
몸 안의 모든 액체가 쏟아져 나옵니다.
눈물이, 콧물이, 입안 가득한 침들이 부끄럽습니다.
수치심은 잠깐이고, 온몸의 감각이 살아나
살겠다고 몸부림칩니다.
수치심도 잊은 몸부림이 제 실존입니다.
가스실에서 터진 CS가스,
내 의지와 상관없이 갑작스럽게 터진
'재난'과 '고난'이라는 이름의 인생의 CS가스.
이성은 마비되고, 감정은 폭발하며,
신앙은 주체할 수 없이 흔들립니다.
숨 쉴 수 있게 하소서.
버틸 수 있게 하소서.
물리적 필터로 걸러 주시고, 화학적 필터로 제하여 주소서.
살겠다는 몸부림이 살리는 움직임이 될 수 있도록 붙들어 주소서.
인생의 방독면이 되어 주소서.
예수님의 이름으로 기도합니다.
아멘.

수류탄

주님! 남들이 나쁘다고 생각했습니다.
오늘의 아픔과 불행은 모두
구조적인 사회악이 원인이라 여겼습니다.
남이 수류탄이고, 사회가 수류탄이고,
모든 불행의 원흉은 바로 그들 때문이었습니다.
풍족할 땐 몰랐습니다. 평화로울 땐 몰랐습니다.
그런데 결핍과 부족의 조우를 통해 알았습니다.
남들만 수류탄이 아니라는 것을.
나도 언제나 해악을 끼칠 수 있는
핀 뽑힌 수류탄이라는 것을.
안전 클립과 안전핀이 제거되면
'자기중심성'이라는 민낯을 보이고
남들보다 추악한 자기 본성이 드러납니다.
사랑하는 가족을, 생사고락을 함께하는 전우를,
사랑을 나누는 연인을 지키고 싶습니다.
남을 탓하기 전에 나의 위험성을 알게 하소서.
당신의 손으로 꼭 붙들고
어떠한 자극에도 '나'라는 수류탄을 떨어뜨리지 않게 하소서.
당신의 손으로 꼭 붙들어 주소서.
예수님의 이름으로 기도합니다.
아멘.

구급법

주님! 지식이 없습니다.
육체가 상하여 고통 받고 있는 이를,
마음이 괴로워 낙심하고 있는 이를,
영혼이 방황하며 길을 잃은 이를
살릴 수 있는 지식이 없습니다.
서툰 몸짓으로 붕대를 감습니다.
신속한 조치를 위해 안전한 곳으로 부상자를 이동합니다.
골든타임을 놓치지 않기 위해 심폐 소생술을 연습합니다.
저로 익히게 하소서.
몸과 마음의 상처를 싸맬 수 있는 법을
저로 체득하게 하소서.
효과적인 방법으로 부상자를 살리는 법을
저로 적용하게 하소서.
정지한 심장 박동이 힘차게 뛰게 하는 법을
몸을 고치고, 마음을 싸매며, 영혼을 치료할 수 있는
인생의 참된 구급법,
예수 그리스도의 복음을 전하게 하소서.
예수님의 이름으로 기도합니다.
아멘.

사격

주님! 사격은 그냥 방아쇠를 당기면 된다고 생각했습니다.

사격은 누구나 할 수 있다고 여겼습니다.

그런데 사격을 위해서 사격술 예비 훈련을

피(Preliminary) 나고, 알(Rifle) 배기고, 이(Instruction) 갈릴 정도로

반복하며 숙달해야 함을 배웁니다.

결과보다는 과정이, 태도와 자세가 디테일을 결정하기 때문입니다.

영점 사격을 통해 조준점과 탄착점이 일치하도록

가늠자와 가늠쇠를 조정합니다.

열심히 하는 것보다 중요한 것은 잘하는 것이고,

바르고 제대로 해야 함을 깨닫습니다.

표적을 조준하고, 숨을 고르고, 방아쇠를 당깁니다.

그렇게 사격을 합니다.

사람의 격을 높이는 인생 사격을 위한

피 나고, 알 배기고, 이가 갈릴 정도로 반복 숙달하는

당신의 사격술 예비 훈련을 견디게 하소서.

속도보다는 방향이 중요함을 잊지 않고

당신의 계획을 온전히 이루는 영점 사격을 인내하게 하소서.

'생각'에 머무는 것이 아닌 '실행'을 통해

당신의 뜻에 합당한 성공적인 삶을 살게 하소서.

예수님의 이름으로 기도합니다.

아멘.

군장

주님! 짐을 쌉니다.

때에 맞게, 상황에 맞게 꼭 필요한 품목을

무게와 용도에 따라 전투 배낭에 채웁니다.

불필요한 것을 넣으면 무게를 감당하기 힘들어 기동하기 어렵고,

꼭 필요한 것을 넣지 않으면 임무를 수행할 수 없습니다.

분별이 필요합니다. 성찰이 필요합니다.

지식이 필요합니다. 우선순위를 알아야 합니다.

임무의 목적을 알아야 합니다.

가질 수 있는 것보다 더 갖고 싶어 하고,

할 수 있는 것보다 더 하고 싶어 하며 욕심을 부릴 때

절제의 미덕을 가르쳐 주소서.

남들이 가져야 한다고 하는 것이 아닌

내게 꼭 필요한 것이 무엇인지를 구분하며,

때와 상황에 맞게 짐을 구성하는 분별력을 더하여 주소서.

'절제'(節制)와 '분별'(分別)을 통해

인생 작전 명령을 수행하는 군장을 효과적으로 준비하게 하소서.

예수님의 이름으로 기도합니다.

아멘.

진급

주님! 계급장을 답니다.

기쁨을 누리게 하소서.

이등병, 일병, 상병, 병장.

진급이 당연한 것 같지만, 당연하지 않다는 것을 압니다.

진급 심사를 위한 수고와 땀,

허물은 덮어 주고, 연약함은 도와주고,

부족한 것은 채워 준 상관, 선임, 후임이 있었기에 가능한 일입니다.

은혜를 알고, 감사하게 하소서.

벼가 익어 갈수록 고개를 숙이듯이

계급이 높아질수록 겸손해지게 하시고

계급장만 자랑하는 것이 아닌

계급장에 합당한 역량과 격을 갖추게 하소서.

이등병 때는 참을 인(忍)을,

일병 때는 배울 인(認)을,

상병 때는 어질 인(仁)을,

병장 때는 사람 인(人)을 배우게 하소서.

예수님의 이름으로 기도합니다.

아멘.

휴가

주님! 손꼽아 휴가를 기다립니다.
보고픈 사람들 얼굴을 떠올리며,
어머니가 해 주시는 따뜻한 밥상을 기대하며,
힘겨운 일상을 살아 낸 스스로를 위로하고자 기다립니다.
'기다림'이 '만남'이 될 때
가슴 깊숙이 숨겨 놓았던 '그리움'을 오롯이 전달할 수 있게 하소서.
진정한 '밥심'의 상징인 어머니 '밥상'의 '고마움'을 표현하게 하소서.
낯선 환경에서 고된 직무를 감당하느라 애쓴 자신에게
상(賞)을 주며 '자부심'을 느끼게 하소서.
너무나 바랐던 휴가를 보내며 브레이크 없는 욕구의 노예가 되거나,
'나'를 봐 달라는 마음이 소중한 '너'에게 상처를 남기거나,
'충전'이 아닌 '방전'이 되어 버리는 안타까운 시간이 되지 않게 해 주소서.
땀 흘린 자만이 누리는 '휴가'의 진정한 가치를,
하루가 '1초'처럼 지나가는 '시간'의 소중함을,
만나 주고, 이야기를 들어 주고, 밥을 함께 먹고, 즐거운 시간을 보내며,
나의 소중함을 느끼게 해 주는 사람들을 알고, 배우고, 느끼게 하소서.
신체적으로, 정신적으로, 영적으로 재충전되고 회복되어,
복귀가 아쉽거나, 두렵지 않게 하소서.
예수님의 이름으로 기도합니다.
아멘.

인식표(認識票)

주님! 인식표를 늘 목에 겁니다.

이름, 군번, 신원 정보 등이 새겨져 있는

두 개의 얇은 금속판이 살결에 차갑게 닿습니다.

정신을 차리게 합니다.

피하고 싶은 사실을 직면합니다.

인식표는 평시 신분증이 아닌, 전시 사망자 확인 신분증입니다.

전쟁, 고통, 죽음은 멀리 있지 않고 늘 곁에 있음을 알려 줍니다.

깨어 있게 합니다.

'어떤 죽음을 마주할 것인가?'

'어떤 삶을 살 것인가?'

'어떻게 기억될 것인가?'

'무엇을 위해 희생할 것인가?'

스스로 묻게 합니다.

따뜻한 가슴으로 살면서 사랑하게 하소서.

냉철한 이성을 가지고 실존에 직면하며,

삶의 우선순위, 삶의 목적, 삶의 의미를 분별하며

정신을 차리고, 깨어 있게 하소서.

예수님의 이름으로 기도합니다.

아멘.

유격 훈련

주님! 유격 훈련을 앞두고 있습니다.
'피할 수 없다면 즐기라'고 하는데
피할 수 있다면 피하고 싶은 것이 솔직한 심정입니다.
'악!' 소리 나는 훈련장, 강도 높은 유격 체조,
두려움으로 담금질하는 장애물,
냉혹한 눈초리로 쏘아보는 조교의 시선
생각하고 싶지 않습니다.
'없었으면 좋겠다.' '안 했으면 좋겠다.' '비 왔으면 좋겠다.'
'바람'(desire)을 쏟아 놓지만 '바람'(wind)일 뿐입니다.
'바람'으로 사는 것이 아닌 '훈련'으로 사는 법을 배우게 하소서.
즐기지 못해도 버틸 힘을 갖게 하소서.
포기(抛棄)하는 것이 아닌 패기(霸氣)로 극복하게 하소서.
시선(視線)을 두려워하는 것이 아닌
사선(死線)을 넘을 수 있는 용기를 주소서.
훗날 '고난'이라는 이름의 유격 훈련,
'고통'이라는 이름의 유격 훈련,
'멸시와 조롱'이라는 이름의 유격 훈련도 넉넉히 감당할 수 있는
강한 체력, 정신력, 인내력과 영적인 능력을 키우게 하소서.
예수님의 이름으로 기도합니다.
아멘.

혹한기 훈련

주님! 혹한의 추위와 싸워야 합니다.
훈련 시작 전 이미 생각의 혹한기가 시작되어
몸과 마음이 얼어붙습니다.
'두려움'이라는 혹한기가 시작되면
시작도 하기 전에 패배할 수도 있음을 느낍니다.
염려와 걱정은 풍선처럼 너무 쉽게 부풀려집니다.
철저한 준비, 열악한 환경을 극복하는 훈련,
혹한기를 이길 수 있는 '사람의 온도'를 통해
두려움의 풍선은 터뜨리고 자신감과 용기를 얻게 하소서.
버텨 내고, 극복하며, 승리하게 하소서.
견디기 힘든 일을 겪고, 원하지 않는 상처를 받으며,
억울한 오해를 받아 인생의 혹한기를 마주할 때
시작도 하기 전에 얼어붙어 버리는 '패자'가 아닌
직면하여 이겨 내는 '승자'가 되게 하소서.
예수님의 이름으로 기도합니다.
아멘.

면회

주님! 보고픈 사람, 그리운 이들이 참 많습니다.

18개월 사회와 단절된 시간

그렇게 잊힌 존재가 된다고 생각했습니다.

거리에 상관없이, 상황에 구애받지 않고

시간을 구별하여 면회를 오는 이들이 있습니다.

가족들,

친구들,

여자 친구.

내 존재에 의미를 부여해 주는 고마운 이들입니다.

가져온 음식이 배불리는 것이 아니라,

면회를 온 사람들이 영혼을 배불립니다.

나도 영혼을 배불리며 면회하는 삶이 되게 하소서.

사람을 사용하지 않고 사람을 사랑하며,

꼭 필요한 때에 그렇게 면회할 수 있는 사람이 되게 하소서.

예수님의 이름으로 기도합니다.

아멘.

초병 근무

주님! 늘 나를 지켜 주는 이들 곁에 있었는데,
이제는 누군가를 지키는 자리에 섭니다.
지키는 것이 어렵다는 것을 배웁니다.
모두가 잠든 시간 불침번이 되어 깨어 있으며,
초병이 되어 적막함을 뚫고 사주경계(四周警戒)합니다.
바스락거리며 수풀을 지나는
고라니의 움직임에도 예민하게 반응합니다.
어렵다고, 힘들다고 임무를 외면하지 않게 하소서.
반복되는 일상이 마음을 느슨히 만들 때
찾아오는 유혹을 거절하게 하소서.
파수꾼에게 사소한 일은 있어도
시시한 일은 없다는 사실을 인식하게 하소서.
그렇게 사랑하는 이를 지키는 법을 배우고,
평화를 이루는 도구가 되며,
저를 눈동자같이 지키는 당신을 깊이 알아 가게 하소서.
예수님의 이름으로 기도합니다.
아멘.

병과 구호

주님! 군대를 통해 입혀 주신 군복,
달아 주신 계급장, 맡겨 주신 직책을 감사합니다.
'돌격, 앞으로'를 외치며 뒤에 남는 자가 아닌,
'나를 따르라'(보병)를 외치며 전진하는 이가 되게 하소서.
무능을 미덕으로 여기는 것이 아닌
'정통해야 따른다'(부사관학교)를 기억하며
실력을 연마하게 하소서.
무지를 부끄러워할 줄 알게 하시고,
'알아야 산다'(화학)를 확신하며,
연구하고 학습하여 능력을 갖추게 하소서.
불확실성으로 인해 아무도 가지 않는 '시작',
영광은 없고 임무만 남아 있는 '끝'에서 마땅히 할 바를 감당하고
'시작과 끝은 우리가'(공병)를 선포하며 책임을 다하게 하소서.
고통 중에 울부짖는 전우를 외면하지 않고,
가능성이라는 계산기를 두드리기보다
생명의 저울을 사용하여 '살려야 한다'(의무)를 외치며
육체와 영혼을 살리는 자가 되게 하소서.
예수님의 이름으로 기도합니다.
아멘.

견장(肩章)

주님! 전투복 어깨에 다는 푸른 견장이 '멋'이라고 생각했습니다.

군 생활의 '맛'은 견장을 달 때 느끼는 것이라 여겼습니다.

그런데 '멋'과 '맛'은 공짜가 아님을 알았습니다.

'군장'보다 무거운 것이 두 어깨의 '견장'입니다.

견장이 상징하는 '선택'과 '책임'

선택은 달콤하지만, 책임은 쓰디씁니다.

하고 싶은 말 다 하지 못하고 입안으로 삼키며,

전우를 지키고 사랑하기 위해 잠을 설쳐 가며 고심하고,

성공은 나누지만 실패는 홀로 책임을 집니다.

견장이 갖는 깊은 '맛'은 인내와 고통으로 우러나고,

견장이 갖는 '멋'은 희생과 헌신으로 디자인됩니다.

아버지, 어머니, 선생님, 지휘관, 분대장.

모두 나를 위해 견장을 맛있고 멋있게 짊어진 이들입니다.

삶이라는 여정 속에 견장이 두려워 외면하기보다

견장에 합당한 '맛'과 '멋'을 내는 그런 사람이 되게 하소서.

예수님의 이름으로 기도합니다.

아멘.

전역

주님! 그날이 안 올 줄 알았습니다.
앞서 떠나가는 이들이 있었지만,
그들이 가도 내가 갈 줄은 몰랐습니다.
매일같이 달력에 표시하고,
전역일 계산기에 표시된 날짜를 확인했지만 믿어지지 않습니다.
막상 그날과 조우(遭遇)하니
'무엇을 했는가?' '무엇을 얻었는가?' '무엇을 남겼는가?'
'무엇을 할 것인가?' 물으며 상념(想念)에 잠깁니다.
'걸걸걸'이라는 '후회', '해냈다'는 '기쁨', '덕분에'라는 '감사',
'정(情)이 든' 평생 '전우'를 떠올립니다.
그날이 온다는 것을 기억하게 하소서.
전역이 끝이 아닌 새로운 시작임을 알게 하시어
'후회'는 변화로 갚으며,
'기쁨'은 나눔으로 승화시키고,
'감사'는 마음 다해 표현하고,
'전우'는 사랑의 빚으로 간직하게 하소서.
예수님의 이름으로 기도합니다.
아멘.